¿Qué nos depara el futuro?

Trompeta FINAL **5**

¿QUÉ NOS DEPARA EL FUTURO?

RICARDO HERRANZ
BARQUINERO

Producción, maquetación y edición electrónica:
AACHE Ediciones
C/ Malvarrosa, 2 (Las Lomas) – Telef. 949 220 438
19005 – Guadalajara
E–Mail: editorial@aache.com
Internet: www.aache.com

Impresión:
PodiPrint
C/ Cueva de Viera, 2
29200 – Antequera (Málaga)

Impreso en España – Printed in Spain.

ISBN 978–84–19813–59–6
Depósito Legal: GU–26/2025

A mi familia y amigos,

¡Gracias!

ÍNDICE

Prólogo 9

Introducción: Las profecías de Nostradamus. 11

Las técnicas que sirven para descifrar
a Nostradamus. 23

¿Quién fue Nostradamus? 27

El don de la videncia. 31

El vidente de Salon 35

El final del Profeta 41

La última profecía 43

El futuro según Nostradamus 47

La 3ª Guerra Mundial 49

Tragedia en los Juegos Olímpicos 71

Watergate, el escándalo 73

¿Una alusión a ETA? 75

La tumba de San Pedro 77

La codicia del Imperialismo 79

Catástrofe en Europa 81

Huracán sobre Miami 85

Ataque a Nueva York 87

Los problemas que Rusia deberá enfrentar 93

El gran desastre ecológico de la humanidad 99

La 4ª Guerra Mundial 103

La aparición de la clave del destino 107

Los protagonistas del siglo:

    El Rey Juan Carlos I. 113

    Adolf Hitler 115

    Charles de Gaulle 120

    Benito Mussolini 122

    Los Kennedy 125

El crash de la Bolsa 133

La bicicleta y el coche 135

Invención de la radio, y uso de la electricidad . . . 137

La guerra civil española (1936-1939) 139

El descubrimiento de la fotografía y el cine 145

La bomba de Hiroshima (1945) 149

El rincón de la Luna 151

La amenaza nuclear 153

Resumen de Nostradamus de 100 años:
1889-1999. 157

Predicciones de Nostradamus: 1999 y más allá . . 169

Las predicciones de Baba Vanga 175

Agradecimientos 181

PRÓLOGO

Adivinar el futuro, saber cómo nos va a ir en la vida el día de mañana, siempre ha sido una constante a lo largo de nuestras vidas, debido a que una de las características que definen al ser humano es su curiosidad por saber "¿qué pasará?", o, "¿cómo terminará algo"? Pensando siempre que, si pudiéramos saber cómo va a resultar con antelación algo importante para nosotros, no cabe duda que nos podríamos beneficiar de ello.

O simplemente, ni siquiera intentarlo, porque ya sabríamos que nos iba a deparar un resultado nefasto.

Por ello, tal vez, si nos dieran a elegir un "poder sobrenatural", tal vez muchos de nosotros escogeríamos el de "adivinar el futuro", aunque en algunos casos puede que después nos arrepintiéramos y hubiéramos preferido no conocerlo…

A continuación, vienen a colación dos grandes de este "arte", del siglo XVI, Nostradamus, y del siglo XX Baba Vanga.

INTRODUCCIÓN:
LAS PROFECÍAS DE NOSTRADAMUS

Uno de los ejemplos más conocidos que ilustran el excepcional poder de la visión futura de Nostradamus –considerado el más grande vidente de todos los tiempos– puede encontrarse en la estrofa 35 de la centuria I:

El león joven al viejo dominará
en campo bélico por duelo singular,
en jaula de oro le saltará los ojos
dos clases una, luego morir por muerte cruel.

Esta cuarteta fue escrita en 1554. En julio de 1559, el rey francés Enrique Il organizó, con gran ornato y pompa, una serie de fiestas, paseos, comidas y torneos para celebrar la boda de su hermana Margarita con el duque de Saboya. Para realzar al torneo que clausuraba los festejos, el veterano rey - que era un experto guerrero - ofreció romper lanzas al joven conde de Montgomery, de quien había oído maravillas en los campos de honor. Conmovido, el conde agradeció el honor pero declinó la oferta pensando que no era digno de enfrentarse con el rey. Enrique Il insistió y el conde volvió a negarse pues temía hacer mal papel delante de tantos y tan calificados invitados. Pero la obstinación del rey le forzó a aceptar la propuesta.

Durante la lucha, la aguda punta de la lanza de Montgomery penetró por la visera del morrión que llevaba el rey («en jaula de oro») y que, por supuesto, llevaba adornos de oro. Le perforó un ojo y el torneo quedó suspendido. Días después el rey murió en medio de atroces padecimientos.

¿Tiene sentido discutir la validez de una profecía? A lo largo de la historia de la humanidad, millones de ellas han sido formuladas a través del tiempo. Con que sólo una de ellas se hubiera cumplidos bastaría para admitir que, desechada la casualidad, existe alguna forma de percepción del futuro que yace reservada a poco ocres humanos pero cuyo desciframiento puede estar al alcance de todos.

La ciencia ya ha admitido que, en determinada circunstancia ciertos hombres y animales tienen alguna forma de presentimiento de lo que va a suceder. Para los animales, este fenómeno cognoscitivo se convierte en un eficaz aliado para la supervivencia. Antes del olfato del peligro, antes de ninguna otra forma perceptiva del peligro, un cierto "impulso" les "ordena" apartarse o modificar el rumbo, y dirigirse al punto opuesto. Los seres humanos somos mucho más escépticos y necesitamos pruebas fehacientes. En el campo de las profecías las pruebas son prácticamente imposibles porque solamente podemos evaluarlas una vez que se han cumplido.

El tiempo es, para los seres humanos, un valor sobre el que montamos todos los aspectos de la vida. El tiempo es, desde esta perspectiva, unidimensional. Y sin embargo, el tiempo es diacrónico y sincrónico. La división que ejercitamos los humanos es puramente formal. ¿Cómo admitir entonces que los hechos se sucedan cronológicamente? ¿Por qué no podrían desarrollarse de un modo que no captamos? Si la ciencia ha logrado cambiar tan sustancialmente el criterio tradicional de las dimensiones, ¿por qué puede resultar atrevido o incluso poco serio considerar científicamente la posibilidad que determinados seres humanos, en circunstancias excepcionales, dotados de una sensibilidad y una intuición fuera de lo común, perciban hechos del futuro del mismo modo que perciben los del presente o los del pasado?

Si la vida es unidimensional, ¿cómo explicar las otras dimensiones? Si el concepto geométrico es el que impuso Euclides, ¿cómo explicar la geometría no euclidiana? Si todo se basa en la relación causa-efecto, ¿cómo explicar lo imprevisto, lo casual?

Las Sagradas Escrituras no sólo no han rechazado las profecías, no sólo las han autorizado, sino que la Biblia es, a todas luces, un libro profético. Después de él, posiblemente no haya existido un visionario que pueda compararse a Michel de Nostradamus.

Afortunadamente, Nostradamus no fue un semidiós ni un ente de otro mundo. Fue un ser humano que tuvo dificultades en su hogar paterno, que se distinguió como un médico excepcional en su lucha contra la peste, que logró ser protegido por los poderosos, que se casó y tuvo varios hijos, que conoció la fama y la burla. Nostradamus que un ser humano y, por lo tanto, falible, lo cual resulta no sólo alentador sino que enriquece grandemente el valor de sus presagios.

¿En qué medida se hallaba librado el profeta de sus deseos y ambiciones personales, de sus sueños más íntimos y de su propia postura ideológica? ¿En qué medida no cedió alguna vez a la necesidad de la rima o de su propia necesidad poética? Muchas de las líneas escritas por Nostradamus no han podido ser descifradas hasta el presente y se comete un error si se espera una profecía minuciosa que incluya hasta la descripción anecdótica. Es el sentido lo que verdaderamente importa.

Asimismo, Nostradamus se equivocó con el cálculo de la Era procesional al tomar la cifra de 2.240 en vez de 2.160 con lo cual existe un margen considerable de relatividad en las fechas que propone. Como se sabe, la Astrología se basa en el criterio de Unidad y en la determinación y conocimiento de los ciclos múltiples en los que se desarrolla la vida. Nostradamus era astrólogo, y en base a esta ciencia realizó sus cálculos numéricos. El cálculo que hizo de 2.240 años es equivocado porque el gran año astrológico es de 25.920 años, que dividido por doce da la dimensión de cada civilización o Era procesional, es decir 2.160 años. Sin embargo, la Era procesional del vidente de Salon (llamado así por ser el lugar donde falleció: Salon de Provenza, en Francia), dura desde 1157, cuando dan comienzo sus profecías, hasta el 3797, fecha que él mismo -en una carta a su hijo César- fija como límite de sus profecías. Entre una fecha y la otra median 2.240 años.

Las cifras que el profeta da en sus cuartetas no deben entenderse de manera lineal sino metafórica, como forma de expresión. Aun cuando habla de siete mil años o del séptimo milenio, no quiere decir que los sucesos que profetiza ocurrirán en el año 7000, sino que ha fijado las fechas siguiendo el calendario hebreo, por lo que en realidad está hablando del segundo milenio de la era cristiana. Nostradamus escribió, en su totalidad, 1.085 cuartetas. Muchas de ellas se han perdido, y han llegado a nosotros entre 945 y 965 (algunas de las cuales llevan consigo la sospecha de ser apócrifas, escritas por sus exégetas tras su muerte), que son las que podemos analizar en este siglo XX. Son suficientes, sin embargo, para dar la dimensión del profeta, el genio indiscutido que plasmó su obra y la alucinante advertencia que formula acerca del porvenir del género humano.

Descifrar los textos de Nostradamus es tarea ardua. Han sido escritos con un hermetismo deliberado, en el idioma que se hablaba en su tiempo en Francia (1503-1566) enriquecido o distorsionado con los dialectos de su comarca (Salon-en-Provence). Es necesario recurrir a los mapas de la época para desentrañar sus referencias geográficas, y también al dialecto provenzal, al latín, al griego, al francés arcaico, al italiano, al alemán y aun al español para descifrar muchos de sus vocablos, sobre todo los nombres propios con los que bautiza o encubre personajes imaginarios.

En estos casos, con frecuencia apela a los anagramas (esto es, cambio en el orden de las letras de una palabra o frase, que da lugar a otra palabra o frase distinta). Así, Mazarino se convierte en Nizaram, Francia es Nercaf o Cerfan (anagramas de France), Lorrains es Norlais, y París es Rapis o Sipar. Pero el criterio se modifica cuando apela a la letra griega phi para definir a Felipe, o define a María Antonieta como estrange (extranjera), alterando la grafía y convirtiéndola en Ergaste. Su juego con el lenguaje se vuelve tan intrincado que a veces el desciframiento de un enigma permanece en el plano de lo tentativo, a pesar de los numerosos libros dedicados a su obra a través de los siglos. El rey Chirén, que menciona con frecuencia, es uno de estos interrogantes.

En general tiende a interpretarse que se trata de un anagrama de Henric (Enrique) pero no existe seguridad al respecto. Mucho más misteriosa resulta la clave Selín, figura destinada a convertirse en protagónica en los siglos futuros. ¿Se trata del nombre de un líder que aún es desconocido? ¿Es el anagrama de un futuro gran monarca? ¿Describe, acaso, las siglas de una poderosa organización que dominará el mundo?

La manipulación que permanentemente sufran las predicciones del vidente de Salon ha determinado que, cuando conviene a los fines, Selín sea descifrado como el salvador de la humanidad, el Anticristo, un gran líder comunista o imaginerías parecidas. A falta de fundamento científico, la lógica parece sugerir que si se lee Nueva York o bien Estados Unidos allí donde el profeta escribió Selín, los significados adquieran una inesperada transparencia.

Pero es necesario detenerse en las circunstancias que rodearon la vida del profeta para comprender su comportamiento. ¿Por qué sus textos fueron escritos de modo tan hermético? El mismo Nostradamus lo aclara en una carta dirigida a su hijo César:

"Según el principio del Salvador que dice: «No deis a los perros lo que es santo ni echéis las perlas a los cerdos por temor a que las pisoteen y que revolviéndose contra vosotros, os despedacen», me he valido de un lenguaje oscuro y complicado, ininteligible para el pueblo".

"Pero, de todas formas, he querido desvelar algunos hechos que se refieren a toda la humanidad, si bien he utilizado frases y locuciones obtusas e imprecisas sobre las condiciones de estos futuros acontecimientos, incluso los que he captado con mayor claridad y que considero de extraordinaria importancia. De modo que cualesquiera que sean los cambios que se produzcan entre los hombres, mis escritos no escandalizarán a nadie, pues los he anunciado mediante imágenes nebulosas".

Y en una estrofa que escribió en latín, advierte:

Quien lea estos versos procure ponderarlos con madurez,
El vulgo ignorante y profano no se acerque a ellos,
Los astrólogos necios y los bárbaros, quédense lejos.
Quien de otra forma se conduzca sea castigado.

Nostradamus tenía dos poderosas razones para ocultar sus profecías bajo el velo del hermetismo. La censura inquisidora hubiera caído sobre él sometiéndolo a juicios interminables y a temibles castigos si en sus cuartetas hubiese hallado algo más que los desvaríos de un poeta imaginativo e incomprensible. Por otra parte, los profetas eran considerados durante el Renacimiento como pájaros de mal agüero que siempre hacían públicas futuras desventuras. El tono apocalíptico, y las constantes amenazas proferidas, hacían que la gente no les tomara en serio y los tratara como a charlatanes de feria, posibilidad que horrorizaba a Nostradamus y su concepto de erudito del saber. Este matiz se aprecia claramente comparando las cuartetas referidas a su patria en relación con las de otras naciones, pues nunca su lenguaje es tan oscuro como cuando habla del porvenir de Francia.

Por otra parte, quien se interne en los tiempos actuales en la obra del vidente, deberá hacer frente a dos graves problemas. Uno de ellos es que las cuartetas no guardan un orden cronológico respecto a los acontecimientos que profetiza, aun cuando puedan registrarse algunas excepciones. El otro problema es que Nostradamus describió el mundo del futuro con los elementos de su tiempo.

Pues, ¿cómo podía imaginar un hombre del medioevo, por inteligente que fuese, las complicadísimas alternancias de la vida contemporánea? ¿Cómo comprender que describiera el radar, los submarinos, el cinematógrafo o la guerra nuclear, cuando ni siquiera existía una noción del concepto de lo que tales cosas significaban? Y sin embargo Nostradamus alude al cine y a la guerra nuclear, como a muchas otras cosas, pero lo hace con un lenguaje metafórico, apelando a la mitología, a imágenes poéticas o a su propia imaginación para reflejar o ejemplificar aquello que ansía expresar en sus estrofas.

Nostradamus procedía de una familia de judíos conversos, poseía la cultura y los límites culturales de un hombre del Renacimiento y era francés. Estos condicionamientos definen claramente muchos de los aspectos de su oscura obra. Un estudio psicoanalítico retrospectivo seguramente podría detectar en el vidente de Salon un enorme complejo de inferioridad al provenir de una familia de judíos «renegados», no exento de temor en una época de intransigencia. Es posible, asimismo, que este matiz inconsciente influyera, sin él saberlo, en el tratamiento administrado al proceso histórico que profetizó para la Iglesia Católica. Seguramente su condición de francés le impulsó a suponer que Francia sería, a través de los siglos, algo así como el centro del mundo, el eje sobre el que giraría la política mundial hasta el fin de los tiempos.

Pero a la vez, ¿de qué otros elementos podían disponer? Su patria y su fe eran los puntos de referencia obligatorios. Seguramente ni la Iglesia Católica tal como él la describe ni la

Francia a la que alude son tan fundamentales para el análisis de los procesos históricos de la humanidad como el profeta refleja en su obra. Pero no resulta por ello menos asombroso que, aun con todas estas limitaciones, pudiera describir el siglo XX con la fidelidad con que lo hizo ni trazar acerca de nuestro tiempo vaticinios tan sobrecogedores.

Debido a la complicada tarea que impone el desciframiento de las profecías, y el tono poético-metafórico elegido para expresarlas, las líneas escritas por Nostradamus se prestan a todo tipo de manipulaciones, básicamente políticas. Un cierto conocimiento técnico básico puede bastar para distorsionar el sentido de una cuarteta, pasar por alto aquello que no encaja con lo que se quiere demostrar, y presentar a los ojos de los demás la obra terminada, con la maligna intención de señalar que lo que sucede en aquel momento a nivel político es inevitable, y que ya hubo predicciones al respecto varios siglos atrás.

En este aspecto, la obra de Nostradamus ha corrido una suerte verdaderamente desdichada, y no sólo en la actualidad, cuando abundan los volúmenes dedicados al tema, sino también en el pasado.

El problema consiste en que los «traductores» del profeta ven los acontecimientos después que han ocurrido, intentando ajustar el significado de las cuartetas a los hechos. Esa actitud tan libre frente al material original tienta a dar el paso siguiente, que consiste en distorsionar el sentido del mensaje para que coincida con las ideas políticas de quien realiza el análisis. Así, no faltan quienes, cuando el profeta habla de Híster, (antiguo nombre del río Danubio) deciden que se trata de una forma de anagrama de Hitler. Y también, en la cuarteta séptima de la primera centuria, cuando en su versión original Nostradamus escribió:

«...los conjurados XIII J de una secta»,

Re-tradujeron e interpretaron el material como:

«...los conjurados catorce de una secta»,

Basándose en que J representa a Uno y los números romanos daban trece, cuando en realidad se trata de una mención al juego del Tarot que, como astrólogo, el profeta debía conocer a la perfección. El 13, en este juego, corresponde al Arcano decimotercero, es decir, La Muerte, por lo que el sentido era «los trece conjurados decidieron la muerte de Uno». Pero si se utiliza el marco de referencia del tiempo en el que el presagio fue escrito, el único individuo terrenal que podía encuadrarse como Uno, como único, diferente a todos os demás, era el rey. Por lo tanto, e único, diferente a todos los demás, era el rey. Por lo tanto, el significado exacto de la línea es:

«... los trece conjurados decidieron la muerte del rey».

Estas interpretaciones impropias vienen de antiguo. Un «intérprete» de los textos del profeta que escribiera en 1668, por ejemplo, antes de preocuparse por descifrar objetivamente la obra, lo que en realidad quería era demostrar que Nostradamus había escrito las profecías para hablar de Luis XIV. En 1959, asimismo, abundaban los que descifraban decenas de cuartetas de Nostradamus como dedicadas a Charles De Gaulle...

Las obras contemporáneas de Ruir o de Sède, por ejemplo, son testimonios bastante elocuentes de la distorsión a la que puede forzarse el material sin que nadie pueda protestar.

En los tiempos actuales, acaso la falacia más despectiva sea la utilización que el profeta hizo del término rojos, a quien buena parte de los exégetas de Nostradamus (esto es, aquellos que interpretan sus textos), no titubean en identificar con los comunistas, del mismo modo que décadas atrás se adjudicaba este vocablo a la corriente antroposófica de Rudolf Steiner. No existe un solo elemento en toda la obra de Nostradamus que sirva para sostener esta hipótesis. Sin embargo, y apoyándose en esta hipótesis carente de fundamento, abundan los libros que describen invasiones comunistas a Occidente y crueldades y atrocidades sin límites desatadas por el materialismo ateo contra la humanidad en general. No hay referencia astrológica que lo sustente, de modo que una mínima ética científica fuerza a intentar hallar otro tipo de explicaciones al enigma. Rojos y blancos: ¿no serán acaso naciones católicas y naciones protestantes enfrentándose? Es probable que las visiones del profeta no perfilaran una determinada ideología del siglo XX, o en todo caso, resulta curioso por qué habría de vaticinar el comunismo y por qué no el anarquismo, el pragmatismo, el hippismo o cualquiera de las otras.

Sin embargo, existe una cuarteta que a muchos de los especialistas hace entrar en coincidencia:

Una nueva secta de filósofos
despreciando muerte, oro, honores y riquezas,
de los montes Germanos no serán limítrofes
sus seguidores tendrán honor y prensa.

Esta estrofa (III, 67) es interpretada casi siempre -y sin dudas- como el vaticinio del nacimiento de la doctrina marxista. Se podrá alegar que el marxismo no se impuso primero en Alemania sino en Rusia, pero seguramente alguien encontrará la justificación de que como Karl Marx era de origen alemán, de allí su alusión a los montes Germánicos.

Este "grosero" ejemplo es una muestra bastante nítida de la manipulación de la que siempre ha sido objeto Nostradamus. Quien conozca solamente un poco de la historia de las religiones advertirá sin lugar a duda que el vaticinio del profeta está describiendo claramente la aparición de las sectas anabaptistas (seguidores de una confesión protestante) en el siglo XVI.

Por otra parte, abundan las referencias al siglo XX en la que se habla de dos «colosos» de dos «grandes maestros», es decir de dos grandes fuerzas que polarizarán el interés del mundo, tal como ocurre efectivamente con Rusia y los Estados Unidos. Haciendo coincidir el hecho de la conjunción de Géminis, Nostradamus vaticina que estas dos fuerzas terminarán uniéndose por encima de sus diferencias para luchar contra un enemigo común que, al parecer, rendiría culto a Mahoma. El color rojo que frecuentemente aparece en las banderas de los países musulmanes o tal vez ciertas categorías religiosas serían algunas de las interpretaciones posibles que, de ser empleadas, podrían enriquecer la comprensión de los textos del profeta en vez de distorsionarlos en aras de una determinada ideología política.

Pero el talento de Nostradamus sobrepasa los esfuerzos de quienes intentan utilizarlo en beneficio propio o de oscuros intereses. Allí está su obra asombrosa, dispuesta a dejar atónito a quien se atreva a internarse en ella con curiosidad y sin prejuicios. Pues es ahí donde se puede encontrar desde una predicción de España antes de la segunda guerra mundial hasta la posición de Italia la Comunidad Europea, o desde la abdicación de Eduardo VIII hasta el día exacto en el que dará comienzo la tercera guerra mundial.

LAS TÉCNICAS QUE SIRVEN PARA DESCIFRAR A NOSTRADAMUS

Muchos años de estudio han descubierto varias de las técnicas que permiten descifrar a Nostradamus:

1. Anagramas: juego de palabras popular en tiempos de Nostradamus. Se mezclan palabras y expresiones para formar otras palabras y expresiones utilizando las mismas letras; por ejemplo: rapis se convierte en París, y chyren es el nombre latinizado de Enrique II, Henryc. La fonética permite que las uves se conviertan en úes o que las íes griegas se transformen en íes, que la ese se convierta en ce o que la i pase a ser jota. Nostradamus inventó sus propias variantes. Pueden suprimirse una o dos letras, por ejemplo: Noir se transforma en roi, es decir, rey. También pueden añadirse letras: Hister pasa a ser Hitler, Hadrie se convierte en Henvie y ésta en Enrique IV. Teniendo esto presente, podríamos traducir del modo que se indica a continuación los anagramas correspondientes a un Anticristo futuro que se prevé que saldrá del Oriente Medio:

Mabus - Abu Abbas, donde se elimina la primera a y la última ese. Adaluncatif - Cadafi, o Gadaffi, donde se eliminan la palabra Luna y la te.

2. Las localidades se indican empleando sus nombres históricos o de la antigüedad clásica. Los nombres actuales aparece-

rán entre paréntesis junto al texto cuando ello sea posible, por ejemplo: Aquitania (Francia), Boristenes (río Dniéper). Utiliza el mismo procedimiento para ocultar personas: «cimbros», nombre de una antigua tribu teutónica, significa «alemanes».

3. Sinécdoque: truco gramatical del griego y del latín por medio del cual un todo aparece representado por una de sus partes, por ejemplo: París representa Francia; Boristenes, Ucrania o, quizá, incluso Rusia.

4. Elipsis: otro truco gramatical clásico que consiste en excluir palabras y expresiones que quedan sobreentendidas. Es un recurso frecuente y las palabras excluidas se devolverían al texto entre paréntesis, por ejemplo:

«... Amigos, parientes, hermanos de sangre (le encontrarán) muerto y bien muerto entre la cama y el banco». Los países se describen como animales siguiendo temas heráldicos o místicos que se relacionen con ellos, por ejemplo: el Gallo es Francia; el Oso, Rusia; Neptuno, Inglaterra; o el Lobo, Italia, pues hace referencia a Rómulo y Remo, los míticos fundadores de la antigua Roma a quienes encontraron cuando eran amamantados por una loba.

6. A menudo los versos de las cuartetas no conservan el orden cronológico. Las profecías raramente se encuentran siguiendo un orden de sucesión. Debido a ello, el intérprete tiene que hallar las expresiones y palabras que sean la clave para formar la cuarteta.

7. Puede haber nombres propios ocultos en palabras y expresiones normales, por ejemplo: De Gaulle (el galo) puede referirse a Charles de Gaulle; abas (humillar) puede representar a Abu Abbas porque la oración se refiere a que Italia es humillada o tal vez aterrorizada por los palestinos. La palabra pasteur utilizada para referirse a un pastor de almas significa Louis Pasteur, el científico.

8. Juegos de palabras y expresiones que sirven para identificar a personas y movimientos históricos por medio de sus distintivos, escudos de armas u otros emblemas: la cruz torcida (la esvástica); enjambres de abejas (en el escudo de armas de la familia de Napoleón aparecían enjambres de abejas); el Águila (otra referencia a Napoleón nacida de las águilas en los estandartes de sus ejércitos).

Eso sí, en cuanto a sus traducciones, hay que advertir sobre la vaguedad de Nostradamus y su desprecio de la puntuación, que al final resultan ser una dificultad más al traducir sus profecías y cartas. Y también importante, junto a cada profecía o cita, aparece el número de la centuria, seguido del de la cuarteta correspondiente, por ejemplo, (I, 25), o (CI, C25), significa primera centuria, cuarteta 25.

¿QUIÉN FUE NOSTRADAMUS?

«¿Acaso fue un Dios quien escribió esto?» Las palabras pertenecen a Goethe y fueron puestas en boca de su personaje Fausto, al contemplar la fabulosa obra profética de Nostradamus.

«Como un oráculo antiguo de años incontables; ha predicho la mayor parte de nuestro destino.» Estos versos finales de un poema de Ronsard también están destinados al gran profeta. Porque Ronsard, Goethe, Victor Hugo, son solamente algunas de las grandes personalidades que, a través de los tiempos, se fascinaron con la obra y la personalidad del vidente de Salon.

Pero ¿quién fue Nostradamus verdaderamente? ¿Son reales las leyendas que lo tildan de brujo, que lo imaginan practicando ritos Satánicos, Orgías sabáticas y misas negras? ¿Es verdad que ha sido visto en Egipto, en la India y en mil exóticos parajes buscando la llave de la verdad? ¿Es cierto que tuvo a Europa en vilo con sus predicciones, y que los reyes obedecían hasta sus más absurdos caprichos?

Para poder comprender seriamente la personalidad de este hombre excepcional, es preciso remontarse unos siglos atrás, al Producirse la gran diáspora de los judíos por la caída de Jerusalén y la destrucción del Templo, ordenado construir por Salomón en el siglo I. Los judíos se dispersaron y la mayoría de ellos se asentaron en Egipto. Otros se lanzaron por inciertos caminos y llegaron a Europa y aun hasta China. Entre los judíos que llegaron a Europa, una parte considerable eligió el sur de Francia como morada definitiva y progresivamente fueron extendiéndose por España. Sin embargo, muchos de ellos permanecieron en la Provenza francesa, donde - puesto que no se les permitía ser caballeros ni campesinos - se convirtieron en comerciantes de sedas, telas recamadas y especias. Como en todo proceso tradicional de ascenso social de la burguesía, los hijos de los comerciantes se convirtieron en médicos, maestros, artistas y astrónomos. La mayoría de ellos, además, optaron por convertirse al cristianismo para completar su integración a la nueva patria y evitar todo peligro posible. También en aquellos tiempos ser judío podía llegar a ser peligroso.

A mediados del siglo XIV, los judíos - que comenzaban a ser objeto de persecuciones en España - también tenían problemas en Italia. Algunos de estos judíos italianos decidieron buscar una zona más acogedora para vivir, y se trasladaron a la Provenza francesa, donde ya existía una próspera comunidad hebrea. Entre ellos viajaba una familia de apellido Salomón, uno de cuyos descendientes, de nombre Abraham, llegó a ser el médico de cabecera del duque de Calabria y médico y amigo personal del rey René d'Anjou, quien le convenció de que se convirtiera al cristianismo. Para recompensarle por su decisión, le ascendió a la categoría de noble y le nombró médico de la Corte. Al convertirse, Abraham Salomón adoptó el nombre de Pierre de Nostredame.

Pierre de Nostredame tuvo varios hijos. El mayor de ellos, de nombre similar a su padre, se convirtió en médico de la Corte del bondadoso rey Renato de Provenza. Compartía este cargo con otro sabio notable, el médico y astrólogo hebreo Jean de Saint-Remy. Al contrario de lo que pudiera suponerse, no sólo no existió rivalidad entre ambos sino que se forjó una gran amistad. Ambos resolvían juntos los problemas médicos y astrológicos que se presentaban, se consultaban el uno al otro, se ayudaban y se protegían, a la vez que desarrollaban conjuntamente investigaciones astronómicas. Pierre de Nostredame tenía un hijo, Jeaumet. Jean de Saint-Rèmy tenía una hija, Renée. Ambos eran judíos conversos, ambos se conocían desde la infancia debido a la amistad de sus padres; el matrimonio no tardó en consumarse y los recién casados fueron a vivir a Saint-Rèmy, donde Jeaumet ejerció la profesión de notario. Al mediodía del jueves 14 de diciembre de 1503, nació el primer hijo del matrimonio, al que bautizaron Michel. Luego nacerían: Jean - quien fue procurador en el Parlamento de Aix-en-Provence y escribió algunos tratados sobre poesía provenzal - y Bertrand, que nunca salió de Saint-Rèmy, se casó con una mujer de Salon, y sus hijos llevaron el apellido de la familia hasta finales del siglo XVI.

Michel aprendió desde pequeño a amar la fe adquirida, pero a no renegar de su ascendiente hebreo, que tal vez se remontaba hasta la tribu de Isacar. Sin embargo, el niño también vio cómo la condición de judío acarreaba inconvenientes y persecuciones. Entretanto, su educación era dirigida por su abuelo, Jean de Saint-Rèmy, quien lo inició en los conocimientos de la poesía, la literatura, el latín, el griego, las lenguas provenzales arcaicas, el hebreo, la astronomía, la astrología y la medicina, es decir las llamadas «ciencias celestes», así como las matemáticas y la geometría. Tras su muerte, el abuelo paterno se encargó de completar su formación. El niño heredó, de Pierre de Nostredame la pasión por los números y por la Cábala.

Entonces fue enviado a Avignon por sus padres, para que cursara letras y se formara en ciencias humanísticas. Aun cuando no perteneciera a la aristocracia provinciana, la familia Nostredame gozaba de una sólida situación económica y una prestigiosa ubicación social, que le permitía costear los estudios especializados de sus hijos. De modo que Michel de Nostredame pasó de Avignon a la célebre universidad de Montpellier con la intención de convertirse en médico, como sus abuelos.

EL DON DE LA VIDENCIA

En su peregrinar por Italia, un día el profeta paseaba por una pequeña aldea perdida en la campiña de Ancona cuando de pronto vio, junto a un muro, a un pequeño grupo de frailes franciscanos que conversaban entre sí, bajo la sombra de un árbol. Nostradamus se detuvo y, súbitamente, se arrodilló junto a uno de ellos rindiéndole honores. Asombrados, los demás frailes quisieron saber por qué el desconocido ofrecía tan exagerado homenaje a un oscuro religioso de pueblo. El profeta, entonces, respondió:

- ¿Acaso no debo arrodillarme ante Su Santidad?

En aquel momento sus palabras no fueron comprendidas. Pero es probable que alguno de los presentes las recordara cuando la carrera de aquel oscuro franciscano llamado Félix Peretti lo alejó de aquel perdido pueblo de Ancona y terminó siendo el cardenal de Montalto y, después, en 1585, el papa Sixto V.

Al concluir su periplo por Italia, la melancolía y la falta de entusiasmo de Nostradamus seguían vigentes. El rudo golpe que la vida le había asestado alejaba de sí toda esperanza de volver a ejercer su carrera de médico. Por lo que decidió retirarse temporalmente a un monasterio, a la abadía de Orval, donde su profunda fe religiosa le impulsó a adaptarse a las severas reglas monásticas de los religiosos, que entre otras cosas prescribían el rezo de los maitines a las dos de la madrugada. Estas costumbres tan estoicas fueron aceptadas por el profeta, sin embargo, el peso de su vocación lo arrancaría de la clausura: al monasterio llegó la noticia de que en Marsella y alrededores la peste había retornado, haciendo estragos en la población. Aun cuando el profeta hubiera querido mantener su anonimato, el peso de la responsabilidad fue demasiado grande. Ordenó que se avisara a los médicos marselleses que combatieran la peste con las recetas que él mismo había aplicado con éxito en la epidemia anterior, informando además, que tales pociones debían ser reparadas por un farmacéutico de Marsella que sabría cómo hacerlas si se le indicaba que eran solicitadas por Michel de Nostredame. El silencio y el aislamiento del mundo habían terminado.

La noticia de que Nostredame se hallaba en la abadía de Orval y que, desde allí, aconsejaba a los facultativos marselleses para que combatieran la peste, no tardó en correr como reguero de pólvora. Poco después, una delegación de Aix-en-Provence se personó en el monasterio para rogar a Nostredame que fuera en ayuda de la ciudad, que estaba siendo diezmada por la plaga. El primer impulso del profeta fue la negativa. Había jurado no regresar jamás a aquella ciudad maldita donde habían muerto su mujer y sus hijos. Y ahora otra vez la muerte volvía a indicarle el camino de la ciudad.

Nostredame abandonó el monasterio y regresó a Aix para combatir la plaga. Cuando llegó, quedó pasmado. La ciudad se había convertido en un cementerio desolado. Los hospitales y lazaretos se hallaban atestados de moribundos. Ricos y pobres, burgueses y campesinos, compartían los sucios camastros mientras los médicos avanzaban dificultosamente por entre los cuerpos de los agonizantes. Nostredame, estableció rígidas medidas profilácticas, aisló la ciudad, ordenó severas fumigaciones, reorganizó el hospital y el lazareto y modificó la terapéutica empleada hasta entonces por los médicos de la ciudad. Por segunda vez, su antigua enemiga, la peste, fue vencida y desapareció de Aix-en-Provence.

El casi olvidado prestigio del doctor Nostredame gano fama. La Comuna le asignó una elevada pensión vitalicia en reconocimiento a sus esfuerzos. Los ciudadanos más ricos le hicieron llegar obsequios valiosos, entre los que se contaban animales, tierras, objetos de valor, como agradecimiento por haberles salvado de la muerte. Conmovido, Nostredame aceptó la pensión vitalicia pero los demás regalos los distribuyó entre las viudas y los hijos de los ciudadanos muertos durante la peste, impulsando de este modo una campaña de solidaridad por parte de los vecinos hacia quienes lo habían perdido todo durante la epidemia.

Entonces fue llamado desde Lyon para que desarrollara una tarea similar, pues la gran ciudad se hallaba sitiada por la epidemia. Los ciudadanos de Aix se mostraron renuentes al viaje de «su» médico. Enternecido por la devoción que se le profesaba, Nostredame partió de Aix prometiendo un pronto retorno. No cumplió la promesa. Al terminar su tarea en Lyon, decidió radicarse en Salón en Provenza. Tenía entonces cuarenta y cuatro años.

EL VIDENTE DE SALON

Michel de Nostredame poseía una amplia mansión frente a una plaza tranquila. Poseía, además, un prestigio que se extendía por todo el sur de Francia. Muchos viajaban centenares de kilómetros para que él los atendiera. Por otra parte, su dedicación a la astronomía y sus conocimientos de alquimia y astrología hacían de él un personaje casi legendario.

Su capacidad de videncia no tardó en manifestarse y, poco a poco, aquella tranquila plaza fue llenándose con los gritos y las órdenes de la gente de alta alcurnia, y el ruido de los carruajes aparcados venidos desde todos los rincones de Francia, para que sus viajeros consultaran al vidente, algunos por cuestiones de salud, pero los más, para conocer el futuro de sus vidas.

Acompañado de millares de libros y pergaminos, Nostredame, mirando las estrellas, meditaba acerca del futuro. Es posible que realizara pases mágicos, que empleara ciertas hierbas para alcanzar el trance, o que practicara antiguos ritos para expansionar su energía. Solamente su profunda y elevada fe religiosa lo libró de las sospechas de brujería ante el Tribunal de la Inquisición. De Nostredame se han dicho aun en vida las cosas más extravagantes. Hay quienes lo sitúan viajando por el Tibet, por Egipto, por la India, y quienes lo imaginan en medio de ritos satánicos o en estado de levitación como si fuera un santo. La pasión inventiva del profeta lo llevó a investigar con sus hierbas en todos los campos, y así fue cómo preparó cosméticos, jabones, confituras, jarabes y golosinas.

El profeta tuvo acceso a determinados niveles de percepción que fueron convirtiéndose en imágenes posiblemente reales, que él, con sus conocimientos literarios y su sensibilidad artística, transformó en pequeños poemas en breves cuartetas que fueron reflejando los aspectos fundamentales de la vida que habría de suceder después de su muerte. Es muy posible que el profeta padeciera gran desdicha al ver tan cruel acumulación de imágenes, como si se tratara de la alucinada ronda de los cuatro jinetes del Apocalipsis. Convertidas en almanaques, estas predicciones, estas Centurias, vieron la luz por primera vez en marzo de 1555. Como reguero de pólvora, las Centurias de Nostredame (que él transformó en Nostradamus), corrieron por toda Francia y se pusieron de moda en La Corte de todos los países europeos. Siendo el principal tema de conversación en los ambientes sofisticados.

Pero ¿qué era lo que tanto les impactaba? El incierto futuro que les aguardaba, acaso el mismo temor que nos invade a todos nosotros cuando leemos las profecías acerca de nuestro incierto futuro.

Pero también precisiones apabullantes como ésta:

(IX, 18)

El delfín llevará el lirio a Nancy
y hasta Flandes el elector del Imperio
nueva prisión al gran Montmorency
lejos de su lugar prueba librar pena ejemplar.

La profecía se cumplió de modo inevitable. El título de «delfín» había caído en desuso cuando Luis XIII lo rescató y volvió a utilizarlo. El 24 de septiembre de 1633 (varias décadas después de la muerte de Nostradamus), las tropas de Luis XIII entraron en Nancy. «El delfín (Luis XIII) llevará el lirio (el lirio de Francia, el símbolo) a Nancy», capital de la Lorena que ayudaba a los rebeldes franceses y no se consideraba sometida a Francia. Poco después, Luis XIII y su ejército se encaminaron a Flandes para rescatar al Elector de Tréveris («Y hasta Flandes el elector del Imperio»), que había sido puesto en prisión por los españoles en Bruselas. Simultáneamente, Enrique de Montmorency, que se había sublevado contra su rey, fue apresado y encerrado en el nuevo edificio («nueva prisión») de la prisión de Toulouse. Puesto que se sospechaba que si era sometido a juicio sumario podría librarse de la ejecución, se ordenó a un soldado que lo llevara junto a la estatua de Enrique IV (padrino de Montmorency) y lo decapitara. Esta última línea contiene un elemento verdaderamente asombroso: todos los traductores de Nostradamus coinciden en convertir en «pena ejemplar» las palabras del profeta «delivré a clere peyne», que traducido del francés arcaico al francés corriente sería («claire peine»), es decir, clara pena, pena neta, pena ejemplar. Sin embargo, el vaticinio de Nostradamus es mucho más exacto de lo que cualquiera hubiera podido suponer: el soldado que decapitó a Montmorency de acuerdo con lo que se le había ordenado, se llamaba de apellido... Clarepeyne! El profeta hasta adivinó con exactitud este detalle.

La fama de Nostradamus comenzó a extenderse. Los poetas le dedicaban sus versos, y los escritores sus ensayos. Se pintaban cuadros en su honor, se programaban torneos. Salon-en-Creux pasó a convertirse en una activa villa comercial porque la cantidad de carruajes que día a día llegaban a la ciudad desde los más remotos lugares del continente forzaban a buscar alojamiento y a quedarse en la ciudad un par de días hasta que el vidente pudiera atender a todos los que solicitaban verle. Nostradamus dedicaba buena parte del día en recibir a los que se acercaban a él, pero reservaba buena parte de las noches a la investigación. Dormía sólo cuatro o cinco horas diarias y, generalmente, por las mañanas se dedicaba por entero a su mujer y a sus hijos, particularmente al mayor, César, cuya viva inteligencia enorgullecía a su padre.

Hubo quienes intentaron denunciar a Nostradamus ante la Inquisición, y quienes, como el doctor Videl de Avignon, escribieron libros tratando de desmitificar al vidente de Salon. Había quien se acercaba a él con la intención de mofarse o de criticarlo luego. Pero los crueles ataques no hicieron mella en él. Seguía escribiendo sus libros de profecías de cien estrofas -que por eso se llamó Centurias- y recibiendo a los que se trasladaban a Salon para verle.

En cierta ocasión, la reina Catalina de Médicis deseaba verle con urgencia, en París. La fama del vidente - y la publicación de sus cuartetas - habían extendido su prestigio de tal modo que Nostradamus se había convertido en uno de los personajes más populares de Francia. El vidente no deseaba abandonar Salon: tenía 53 años, muchísimo trabajo pendiente, numerosas investigaciones astrológicas que le aguardaban y una feliz familia que dependía de él. Tenía, además, una salud que comenzaba a presentar problemas. Pero Catalina de Médicis sentía mucha ansiedad por verle. Acordó entonces que el vidente utilizaría el sistema de caballos y postas del Correo Real y que una comitiva palaciega iría especialmente a buscarle a su morada de Salon. El 14 de julio de 1556, Nostradamus abandonó su casa de Salon-en-Creu. El 15 de agosto llegó a París.

Se hospedó entonces en la posada Saint-Michel, cerca de la Catedral de Notre-Dame. Pocos minutos después de su llegada se hizo presente el Condestable de Francia para informarle que los reyes le aguardaban. El vidente fue llevado a la Corte, en Saint-Germain-en-Laye, directamente a las habitaciones reales. Allí le aguardaba la reina. Estuvieron dialogando durante 2 horas ininterrumpidas. Catalina de Médicis quería conocer con detalle el funesto presagio que el vidente había pronosticado a su marido, el rey Enrique II (que perdería un ojo y la vida en un torneo, tal como efectivamente ocurrió), y también ansiaba desentrañar el destino de sus hijos. Enrique II, sin embargo, se mostró más escéptico respecto al futuro. Concedió al vidente sólo una breve audiencia y convino en pagarle cien coronas de oro por sus servicios. Al enterarse, la reina intentó disimular el error agregando otras treinta coronas suyas. Nostradamus calló, discretamente. Hubiera resultado de mal tono decir a sus majestades que el viaje de ida a París le había costado sus buenas cien coronas de oro y que presumía que gastaría otro tanto para el regreso. Los reyes, sin embargo, se mostraron generosos en otro aspecto: al percatarse que el vidente se hallaba en una posada, inmediatamente le urgieron a que se trasladara al palacio deshabitado del arzobispo de Sens, que con su mobiliario, su servidumbre y su pompa estuvo al servicio de Nostradamus durante las dos largas semanas que permaneció en la ciudad.

En las habitaciones de aquel magnífico palacio, el vidente fue literalmente acosado por los miembros de la nobleza para conocer sus predicciones. La fama había convertido a Nostradamus en una figura mitológica en toda Europa. Condes y duques le ofrecían fabulosas cantidades de dinero a cambio de que él les desvelara sus destinos personales. Tuvo una nueva y larga entrevista con Catalina de Médicis, a la que predijo el destino de sus hijos, amargos anuncios que la reina tomó con entereza, aunque tratando de ver los aspectos positivos.

Por entonces, la Justicia de París citó a Nostradamus como sospechoso de realizar prácticas mágicas. Airado, el vidente regresó inmediatamente a Salon. Sin embargo, antes de la partida ocurrió algo que contribuyó a ampliar la aureola de prestigio que rodeaba al vidente. Sucedió que un paje del rey, perteneciente a la familia de los Beauveau, extravió un perro de gran valor que era uno de los favoritos del soberano. Desesperado, el hombre recorrió vanamente la ciudad. Al llegar la noche fue en busca de consejo hasta el albergue donde se hospedaba el vidente. Llamó a la puerta. Nostradamus, sin abrir y antes de que el visitante se diera a conocer, exclamó:

– ¿Qué quieres tú, paje del rey? ¿Armas tanto alboroto en mediode la noche por un perro extraviado? No pierdas el tiempo. Toma el camino que conduce a Orléans y lo hallarás sujeto con la correa.

Por supuesto, el paje obedeció, pasmado, y halló el perro que buscaba exactamente como el vidente se lo había anunciado.

Por entonces, Nostradamus concretó en una cuarteta otra de sus asombrosas profecías:

(X, 100)

El gran imperio será para Inglaterra,
el pempotam por más de trescientos años,
grandes tropas pasarán por mar y tierra
los portugueses no estarán nunca contentos.

El vaticinio es de una eficacia aún más formidable si se tiene en cuenta que, en la época del vidente, Inglaterra era aún una potencia de menor importancia en Europa. La destrucción de la Armada Invencible española por parte de la flota inglesa ocurrió en 1588, un par de décadas después de realizada la profecía. A partir de este hecho, el poderío marítimo de los ingleses fue creciendo hasta convertirse en un poderosísimo imperio («El gran imperio será para Inglaterra»). La palabra pempotam parece revelar uno de los típicos juegos de inteligencia a los que tan dado era Nostradamus. La palabra griega pan si se escribe en francés, pem, suena pan, que significa todo. La palabra latina potens, leída en francés suena potam, y quiere decir potente. Ambas unidas significarían «poderoso, potente en todo momento». Este poderío inglés duró trescientos años, tal como el profeta vaticinó.

Los portugueses no vieron con buenos ojos esta expansión, pues amenazaba sus propios sueños imperiales de dominio.

EL FINAL DEL PROFETA

A su regreso de París, la salud del profeta comenzó a presentar problemas. Finalmente murió, rodeado de sus familiares. En la Crónica de la ciudad de Salon, desde sus orígenes hasta 1792, figura:

«El 2 de julio de 1566 murió en Salon el célebre Michel Nostradamus, a los 63 años de su vida. Desde hacía algún tiempo, los ataques de gota que padecía eran cada día más frecuentes y le obligaban a permanecer encerrado en su habitación, sin apenas poder moverse. Y al extenderse el mal por todo su cuerpo, entendió el ilustre enfermo que le quedaba poco tiempo de vida. Hizo testamento el 17 de junio de 1566 ante el notario de Salon, Joseph Roche, y luego se confesó con el padre Vidal, prior de los Frailes menores Conventuales; este mismo sacerdote le administró el Santo Viático, que el ilustre enfermo recibió con el edificante fervor de un buen cristiano. Por gestión de sus dos albaceas fue enterrado en la capilla del convento de los Cordeleros, en Salon, el 2 de julio de 1566, día de su muerte.»

Tras la Revolución Francesa, y con la intensa conmoción política que sufrió el país, abundaron los ataques a los templos, En 1791, un grupo revolucionario atacó la capilla del convento y la destruyó, profanando la tumba del vidente de Salon y dispersando sus restos. Posteriormente el municipio de Salon notificó que dichos restos habían sido hallados y que se encontraban en la capilla de la Virgen de la Iglesia de San Lorenzo, en Salon, donde Nostradamus había solicitado que lo enterraran. Naturalmente, es imposible confirmar si los restos que descansan en su urna realmente le pertenecen.

Chavigny, que estuvo junto a Nostradamus en los últimos momentos, puntualizó:

«Murió el 2 de julio de 1566, poco antes de salir el sol, después de una crisis que le duró ocho días y que le causó un acceso de hidropesía seguido de un ataque de artritis aguda. Murió en Salon-en-Creux, Provenza, a la edad de sesenta y dos años, seis meses y diecisiete días.»

El vidente de Salon había solicitado que, en su tumba, la lápida llevara solamente su nombre. Posteriormente, Ana Ponsard, su mujer, hizo agregar un epitafio imitando el de la tumba del historiador romano Tito Livio. Las palabras fueron escritas en latín y su significado era:

«Aquí descansan los restos mortales del ilustrísimo Michel de Nostradamus, el único hombre digno, a juicio de todos los mortales, de escribir con pluma casi divina, bajo la influencia de los astros, el futuro del mundo... Hombres de la posteridad, respetad sus cenizas y no turbéis su descanso.»

LA ÚLTIMA PROFECÍA

Poco antes de su muerte, Nostradamus tuvo acaso la última satisfacción que coronaba una vida de esfuerzos. Efectivamente Catalina de Médicis, ahora reina regente, decidió recorrer el país con su hijo Carlos IX. Al llegar a la Provenza, decidieron ir a visitar al vidente de Salon. Así, el 17 de octubre de 1565, un lujoso cortejo atravesó las puertas de la ciudad. Al advertirlo, las figuras más representativas de Salon se prepararon para dar la bienvenida a los viajeros reales y ofrecerles sus mejores discursos. Sin embargo, Carlos IX cortó la propuesta de modo tajante:

– Sólo he venido a visitar a Nostradamus –afirmó.

Y la carroza real continuó viaje hasta la casa del profeta. Allí la reina recorrió la casa, se mostró encantada con los hijos del vidente y luego se encerró con él en su estudio durante más de dos horas. Antes de irse le pagó a Nostradamus con trescientas coronas de oro.

Es muy posible que ese dinero forme parte de las 3.444 coronas de oro que, entre otras posesiones, el vidente dejó como legado. Respecto al testamento es preciso señalar algo curioso: el 17 de junio de 1566 Nostradamus recibió en su casa a unos amigos en calidad de testigos y al notario de la ciudad, Joseph Roche, quien extendió en su registro el acta del testamento. Trece días después extendió el acta de última voluntad. La lectura de dicho testamento revela que dejó limosna para trece pobres. En los dos documentos nombró a trece personas e hizo intervenir a trece testigos y ejecutores testamentarios.

Finalmente, se plantea la última duda. Quien puede ver el futuro ¿puede hacer lo mismo con el propio destino? Nostradamus poseía un ejemplar de las Efemérides de Jean Stadius. En la página final de junio escribió de su propio puño y letra: Hic propre mort est. («Mi muerte está próxima».) Nostradamus murió entre el 1 y el 2 de julio. Por otra parte, ya en un presagio escrito en julio de 1563, tres años antes de su muerte, había anunciado:

A fin de junio, el hilo cortado del huso...

En su obra dedicada a Nostradamus, Chavigny fue a visitarle el día anterior a su muerte. Al ponerse de pie para retirarse de la habitación del profeta y despedirse hasta el día siguiente, Nostradamus le cogió la mano y murmuró apaciblemente: «Cuando salga el sol, ya no podrás verme vivo».

Por último, debe tenerse en cuenta aquella cuarteta de los presagios que describe el final a modo de despedida, de última y definitiva profecía:

De regreso de un viaje, don del Rey, en su lugar
   nada más le pasará, se habrá ido a Dios, parientes cercanos,
amigos, hermanos de sangre
   le hallarán muerto cerca de la cama y el banco.

De regreso de un viaje, es decir, poco tiempo después del retorno del viaje a París, realizado por imposición de los reyes (don del rey), en su casa, donde suele estar habitualmente ("en su lugar"), ya la vida no ofrecerá nuevas posibilidades, ni alegrías, ni tormentos ("nada más le pasará") porque él, Nostradamus, ya no pertenecerá al mundo de los vivos ("se habrá ido a Dios"). Aquellas personas que le amaban ("parientes cercanos, amigos, hermanos de sangre") se enterarán inmediatamente de su muerte. Nostradamus murió apoyando la cabeza sobre la mesa del estudio, donde se hallaba sentado, muy cerca de la cama en la que acostumbraba a reposar cuando se hallaba fatigado, tal como lo anunció en su profecía, cuyo vaticinio se cumplió de modo inevitable.

EL FUTURO SEGÚN NOSTRADAMUS

Como se verá en la siguiente estrofa el profeta vaticina muy claramente el ocaso de la Iglesia Católica. Sin embargo es preciso dar un salto en el tiempo y trasladarse a los presagios destinados al siglo XXI en pleno, previo a la cuarta guerra mundial, para confirmarlo, como vemos en la centuria I, 56:

Veréis tarde o temprano hacer gran cambio
horrores extremos y venganzas
cuando la Luna, conducida por su destino,
ya se halle en sus inclinaciones.

Este amargo preanuncio de una nueva guerra mundial (el gran cambio» se refiere al ocaso de los tiempos de paz), con horrores extremos y venganzas, sirve además para confirmar la desaparición de la Iglesia Católica, aunque tal vez la creencia subsista en pequeños grupos humanos diseminados por el planeta, como si se tratara de un pequeña y antigua religión olvidada, y acaso no quede piedra sobre piedra del poder, el boato y la pompa que un día la Iglesia ostentó. La Luna de la tercera línea es una de las habituales referencias del profeta a la Iglesia, y aquí anuncia su desaparición definitiva («cuando se halle en sus inclinaciones»). Como vemos en la Centuria I, 48:

A los veinte años del reinado de la Luna
transcurridos siete mil años, otro tendrá su jerarquía
cuando el Sol tome sus cansados días
entonces cumplida y consumada será mi profecía.

En el séptimo milenio, a los veinte años de la desaparición definitiva de la Luna (la Iglesia Católica), el Sol (el racionalismo, el resultado de la evolución del pensamiento humano en su más alto grado de desarrollo por encima de todas las creencias) tomará su lugar y alcanzará el mismo rango de importancia que tuvo la Iglesia Católica en el pasado («otro tendrá su jerarquía»). Y tal cosa sucederá hasta el fin de los tiempos, es decir de los tiempos previstos por Nostradamus, o sea hasta el 14 de marzo del año 3797, fecha en que concluyen los presagios («entonces cumplida y consumada será mi profecía»).

LA 3ª GUERRA MUNDIAL

(1, 63)

Los azotes pasados que empeoraron el mundo
largo tiempo de paz, tierras deshabitadas,
hermana irá por cielo, tierra y onda,
y luego nuevamente las guerras suscitadas.

«Los azotes pasados que empeoraron el mundo» son los que determinaron la primera conflagración mundial en 1914, la gran tragedia contemporánea que provocó la muerte de millones de personas y la extinción definitiva de un cierto modo de vida y de una cierta concepción de la realidad y del mundo.

Tras aquella tragedia, que culminó en 1918, el mundo vivió tiempos inciertos pero pacíficos hasta 1939. «El largo tiempo de paz» al que alude Nostradamus. Luego, «tierras deshabitadas», es decir, la segunda guerra mundial. Pero el fantasma de las guerras, esas macabras «hermanas» que menciona el profeta, no detendrá su mortífera ronda, irá por cielo, tierra y mar («onda») hasta que un tiempo después reaparecerá la guerra («después nuevamente las guerras suscitadas»), en este caso la tercera guerra mundial.

A decir verdad, abundan las referencias en las profecías acerca de esta hecatombe universal:

(I, 16)

La hoz en el estanque mira hacia Sagitario
en su más alto grado de exaltación,
peste, hambre, muerte por mano militar,
el siglo se acerca a su renovación.

En esta centuria es posible hallar una hipótesis acerca de la fecha en la que puede estallar la tercera guerra mundial. Para ello, es preciso recurrir a la astrología, por la cual el mismo Nostradamus se rigió para ubicar históricamente sus profecías. Faulx es utilizado aquí como referente a "escita", es decir, el símbolo de Saturno, y l`estang como estanque, es decir Acuario. Cuando Saturno se encuentra en Acuario y Sagitario es el ascendente, es decir en las postrimerías del siglo -a partir de 1981-, el vaticinio describe el estallido de la guerra entre potencias («peste, hambre, muerte por mano militar») que ocurrirá a finales del siglo («cuando el siglo se aproxima a su renovación»).

(II, 5)

Cuando dentro de un pez, hierro y carta cerrada,
afuera salga el que luego hará la guerra,
tendrá por mar su flota preparada,
surgiendo cerca de la Latina tierra.

Esta cuarteta presenta una excepcional riqueza de significados. Si se hace una traducción metafórica de los símbolos empleados por Nostradamus en el plano de la astrología, claramente puede determinarse que el pez es Piscis, el hierro Marte y la letra, la carta, Mercurio. Cuando Marte y Mercurio se hallen en conjunción en Piscis es posible determinar la fecha a la que hace alusión el vaticinio y que, según los expertos, significa exactamente el 23 de marzo de 1996, lo que daría mayor precisión al presagio de la centuria I, 16, que lo anunciaba para finales del siglo. Aquí vemos que, tal vez, se equivocó sólo por 5 años, y quizás se estuviera refiriendo al atentado contra las Torres Gemelas de Nueva York, el 11 de Septiembre de 2001, (como veremos más adelante en la Centuria IX, 92).

En diversas ocasiones Nostradamus utiliza la metáfora del pez, que en los tiempos actuales puede interpretarse como un barco que navega dentro del mar, igual que un pez, es decir un submarino. El hierro de la primera línea bien puede aludir a arpones mortíferos, es decir misiles nucleares, y la "carta cerrada" puede claramente identificarse con las órdenes "top secret" que tienen los comandantes de los submarinos nucleares en caso de peligro extremo o amenaza de guerra. Este submarino cambiará de lugar, es decir, se trasladará con la intención de declarar la guerra. Tradicionalmente, esta figura del hombre que origina la guerra ha sido interpretada por los especialistas como una alusión del Anticristo, imbuidos quizá del intenso matiz religioso de las profecías. Una visión más moderna de los hechos permite suponer que también pueda tratarse de algún líder político mundial que llevara una política armamentista de gran agresividad, como es el caso del presidente Reagan, pues así se comportó en esta etapa de la historia contemporánea. La política armamentista, de acumulación de poder mortífero, puede confirmarse en la tercera línea, cuando refiere que su ejército de mar estará listo para la batalla («tendrá por mar su flota bien preparada»), y la referencia geográfica coincide indudablemente en señalar a Europa como lugar de inicio de las hostilidades, pues los mares de tierras latinas a los que alude seguramente son el Adriático o el Mediterráneo.

(II, 46)

Tras gran discordia humana, otra mayor se acerca
el gran motor los siglos renueva:
lluvia, sangre, leche, hambre, hierro y peste,
fuego en el cielo, corriendo larga centella.

Esta cuarteta confirma de modo decisivo la visión del profeta respecto a la inevitabilidad de una tercera guerra mundial. Una vez que los ecos de la segunda guerra han pasado («tras gran discordia humana») se apresta una tercera, mayor que la anterior. Si se sigue un camino más literal de desciframiento como lo hizo Antonio Lottius-Ferri, la palabra "troche" de la primera línea de la estrofa puede asociarse con el término griego "trukos", que significa «miseria», es decir, pobreza, hambre, males agudizados en la segunda mitad del siglo actual, que las naciones desarrolladas e industrializadas no se preocupan por resolver. Nostradamus anuncia que sobre esta tragedia vendrá otra mayor ("lluvia, sangre, leche, hambre, hierro y peste"). ¿Cuándo? «El gran motor los siglos renueva», es decir, cuando el ciclo se cumpla y el siglo sea renovado, a finales del siglo XX. Sin embargo, un dato adicional ajusta la fecha. Como se sabe, en el medievo los astrólogos y astrónomos daban gran importancia a los cometas y se guiaban por ellos para realizar sus cálculos, por lo que no resulta disparatado hallar una alusión a la aparición de un cometa con una estela luminosa, tal como aparece en la última línea de la estrofa. Esta descripción se ajusta de modo veraz al cometa Halley, que fue visto en 1910 y cuya reaparición tuvo lugar en 1986.

(II, 62)

Mabus entonces muy pronto morirá, vendrá
de gentes y animales terrible tragedia.
Luego, súbitamente, se verá la venganza
cien, mano, sed, hambre, cuando corra el cometa.

En esta cuarteta el profeta parece insistir en su apocalíptica visión de esta etapa de la historia humana. El nombre de "Mabus", repetido a lo largo de la obra de Nostradamus, constituye un enigma que los siglos han perpetuado por encima de los estudios e investigaciones realizados hasta la fecha. Acaso el futuro pueda dar una respuesta adecuada. Se especula que pudiera tratarse de una forma de anagrama de su líder, que jugará un papel decisivo en la historia contemporánea. Sin embargo, para otros expertos se trata de una simbolización del Anticristo. Lo cierto es que a la muerte de este líder sobrevendrá una horrible tragedia que posiblemente provenga de una explosión nuclear. Nostradamus era médico, y por lo tanto sabía que no todas las enfermedades de los seres humanos pueden ser padecidas por los animales, y viceversa. No es casual entonces que subraye que este descalabro afectará por igual a hombres y bestias, de donde resulta lógico convenir que se trata de un ataque premeditado. Posiblemente una agresión entre potencias desate la venganza del agredido con una fuerza gigantesca, similar a cien manos, provocando hambre y sed. Esto para él debía ocurrir cuando el cometa corra por el cielo, es decir, se repite la referencia al paso del cometa Halley en 1986, ver Centuria I, 80:

> De la sexta claro resplandor celeste
> vendrá a tronar muy fuerte en la Borgoña.
> Después nacerá un monstruo de bestia muy odiosa,
> marzo, abril, mayo, junio, gran esqueleto y roña.

El presagio confirma los anteriores. Todo esto tiene que ocurrir bajo el tiempo de Saturno, que es el sexto planeta. La descripción pareciera puntualizar el comienzo de las hostilidades. El sureste de Francia (la Borgoña) es duramente bombardeada («claro resplandor celeste») que al igual que la invasión de Dantzig, durante la segunda guerra mundial, da pie a la declaración formal de guerra («nacerá un monstruo de bestia muy odiosa»). Tras el feroz bombardeo habrá miles de muertos, lluvia de lodo y ruinas, además de una difícil tarea de reconstrucción en los cuatro meses siguientes. Lo vemos en (V, 25):

El príncipe árabe Marte, Sol, Venus, Leo,
reino de la Iglesia sucumbirá por mar;
hacia Persia muy cerca de un millón
Bizancio, Egipto, ver. sepr. invadirá.

Esta estrofa resultó indescifrable durante siglos debido a su línea final, hasta que los investigadores sugirieron que las palabras "ver. sepr." podrían ser una aféresis (o supresión de algún sonido al principio de un vocablo) del latín "vera serpens", es decir la verdadera serpiente, la real, la gran serpiente. Tomando la astrología como intérprete del mensaje temporal, y de acuerdo con el cálculo realizado por Leo McCann, sabemos que Marte, el Sol y Venus estuvieron en conjunción en Leo el 21 de agosto de 1987. En tal fecha podría producirse una guerra desatada por un príncipe árabe (o un imperio árabe) contra Irán, o también se refiriese a una fuerte unión de los países árabes intransigentes contra Irán y otros países que pudieran apoyarle, Egipto por ejemplo. Este ejército invasor será gigantesco («la gran serpiente», la hilera de soldados gigantesca) e involucrará creencias religiosas, puesto que un gran líder religioso sucumbirá por mar; o el enfrentamiento devastará alguna creencia firmemente acendrada con una ola de ataques que culminarán en su destrucción, interpretando dicha ola como una metáfora de las gigantescas olas marinas que todo lo sepultan a su paso.

La crisis del poderío nuclear

(II, 41)

La gran estrella arderá durante siete días
nublado hará que dos soles aparezcan,
el gran mastín aullará durante toda la noche
cuando el gran pontífice cambie de lugar.

La gran estrella que arderá durante siete días es una metáfora acerca de una fuerza luminosa y flamígera similar a un meteoro que arderá a lo largo de una semana o sus efectos se prolongarán al menos durante siete días. ¿Se trata de una bomba de muchos megatones? ¿Tal vez un rayo láser utilizado para la destrucción? ¿O un arma de altísimo poder destructivo que aún no conocemos? En todo caso sembrará la destrucción («el gran mastín aullará durante toda la noche») lo que perjudicará a la Iglesia forzando la salida del Vaticano al papa, o bien, en sentido figurado, obligándole a someterse, a negociar, a pactar, perder su preeminencia para conservar la supervivencia de la Iglesia.

Respecto de la figura de los dos soles, existe profunda controversia entre los especialistas de Nostradamus, pues hay quienes las interpretan como la aparición de dos figuras de méritos presuntamente capaces de detener la destrucción y la guerra, o bien que el poder flamígero de esta nueva arma es tal que aun en un día nublado iluminará el cielo como si se tratara de un nuevo sol («hará que dos soles aparezcan»).

Pero Nostradamus aporta nuevos datos a esta estremecedora profecía:

(III, 6)

En el templo cerrado penetrará el rayo
los ciudadanos extenuados en sus fortalezas
caballos, bueyes, hombres, las "ona" los tocará
con hambre, sed los más débiles armados.

Y, (III, 7)

Sobre las picas de los fugitivos fuego del cielo, azote cercano
a los cuervos jugueteando,
desde la tierra se ruega ayuda, socorro celestial,
cuando junto a los muros se hallen los combatientes.

La metáfora es muy clara. Un rayo, un arma desconocida, podrá penetrar en el templo cerrado. Será tan poderosa que nada podrá detenerla, ni siquiera los refugios antiatómicos existentes en la actualidad («los ciudadanos extenuados en sus fortalezas»), y producirá tal desolación que afectará a hombres, animales y todo ser viviente, provocando hambre y sed, las únicas «armas» con las que contarán los hombres en tales momentos, según subraya irónicamente Nostradamus («con hambre, sed, los más débiles armados»).

Por aire vendrá la tragedia («sobre las picas de los fugitivos, fuego del cielo»), y toda huida resultará inútil: también a los fugitivos, a los que intenten escapar, les alcanzará el poder del arma sanguinaria. La metáfora de los cuervos puede entenderse como un aviso de que sólo los pájaros - los habitantes del cielo - advertirán a tiempo la masacre, y también en sentido figurado, como que la utilización del arma genocida es producto del insensible e irresponsable jugueteo de los cuervos, es decir las figuras que detentan el poder. Los damnificados clamarán por ayuda, que también llegara del cielo («socorro celestial»), es decir, de aviones que proveerán de lo necesario para la supervivencia.

(III, 95). Aquí vemos los síntomas de la catástrofe:
La ley morisca se verá desfallecer
después de otra mucho más seductora:
Boristeno primero vendrá a caer
por dones y lenguas más encantadoras.

El primer indicio del proceso político que concluirá en el estallido de la tercera guerra mundial ya puede ser detectado en el mudo actual, a juzgar por el vaticinio del profeta. Efectivamente, lo que el presagio informa es que todo comenzará cuando los pases árabes («la ley morisca») inicien su ocaso o la sumisión hacia otra ley más atractiva. ¿De qué ley se trata? "Boristhennes" es la palabra latina que nombra al río Dniéper que, como se sabe, atraviesa Rusia, es decir que el río (y como es lógico lo que representa, un país, una ideología) caerá, es decir emanará lenguas, dones, ideas más seductoras hacia los países árabes de las que poseían hasta entonces. La "izquierdización" de estos países y el incremento de influencia de Rusia en el continente es noticia corriente, constatada cotidianamente en los medios de información.

(I, 62)

La gran pérdida que sufrirán las letras
antes que el cielo de Latona sea perfecto
hubo gran diluvio más por ignaros cetros
que por un largo siglo no se reconstruirá.

Esta hermética cuarteta ha arrojado desde siempre severas dudas acerca de su significado. De todas las interpretaciones esbozadas, la que parece del rigor histórico es la que anuncia la muerte, en los albores de la encera guerra mundial, de un sabio eminente. (Latona, según la mitología griega, de madre de Diana y Paolo, es decir la Luna.) Esta dolorosa perdida tendrá lugar un día cuya noche será clara y límpida, de gran belleza y con una luna resplandeciente. Pero luego estallará la violencia a través de un feroz bombardeo (aunque tal vez sea posible que ambas cosas sean simultáneas, que a raíz del bombardeo muera aquel sabio, pues Nostradamus habla del bombardeo como de una cosa que ya ocurrió) o de una guerra («gran diluvio») ocasionada por la torpeza, el desatino y el egoísmo de los líderes políticos, («ignaros cetros»). Habrá ciudades enteras destruidas que por largo tiempo («un largo siglo») no podrán reconstruirse.

(1, 67)

La gran hambre que yo siento acercarse
rondará con frecuencia y se hará universal;
tan grande y amplia que llegará a arrancarse
del bosque la raíz y el niño del pecho.

La violencia generalizada, la guerra, provocará condiciones atroces de supervivencia. Tal vez conmovido de sus propias visiones, Nostradamus adoptó una actitud dramáticamente participante en esta cuarteta y, haciendo una excepción, la formuló en primera persona. Para dar una idea cabal de la dimensión del problema, la comparó con enormes hambrunas ya existentes (puede pensarse en la que asoló a Biafra (en Nigeria) en 1969 o a la India en 1971), señalando que ellas eran de dimensiones pequeñas en relación con la que sobrevendrá («rondará a menudo y luego se hará universal»), tan gigantesca y extremada que los bebés abandonarán desesperadamente los exhaustos pechos maternos, y los seres humanos se verán obligados a roer las raíces de los árboles.

(IX, 55)

La horrible guerra que en Occidente se prepara
al año siguiente llegará la peste
tan fuerte y horrible que jóvenes, viejos ni bestias,
sangre, fuego, Mercurio, Marte, Júpiter en Francia.

Tradicionalmente se interpretó esta cuarteta como una profecía de la trágica epidemia de «gripe española» que padeció Europa en 1918, cuando Mercurio, Marte y Júpiter se hallaban en conjunción. Sin embargo, existía una contradicción en las dos primeras líneas por cuanto la epidemia llegó en plena guerra y no un año después como claramente especifica la estrofa. Esto llevó a los especialistas a una revisión de los significados y actualmente se tiende a considerar como una descripción de la tercera guerra mundial, cuando la guerra se desarrolle con mortíferas armas nucleares cuyas consecuencias (la peste mencionada podría ser una visión medieval de los efectos de la radiactividad) se advierten un tiempo después de que el cuerpo ha sido sometido a sus efectos, tal como ocurrió en Hiroshima y Nagasaki. De allí provendría la metáfora «un año después». El resto de la centuria describe las consecuencias de la conflagración, involucrando a Marte (el dios de la guerra), Júpiter en Francia y Mercurio (los árabes).

(I, 15)

Marte nos amenaza con la fuerza bélica
setenta veces hará la sangre derramar;
ascenso y caída del Eclesiástico
y aún más de aquellos que nada querrán escuchar.

(I, 17)

Durante cuarenta años el Arco Iris no surgirá,
durante cuarenta años todos los días se lo podrá ver:
la tierra seca en aridez aumentará
y habrá un gran diluvio cuando se lo vea.

Estas dos estrofas casi consecutivas revisten singular importancia. En ellas el profeta da claves respecto del momento en que volverá a producirse una nueva conflagración mundial. La primera línea de la primera cuarteta es una clarísima alusión al estallido de guerras que harán derramar la sangre durante setenta veces. Si se toma como punto de partida el año 1554, en que Nostradamus inició sus profecías, estas setenta grandes guerras ya se han producido. Asimismo, durante los siglos en los que dichas guerras estallaron, la Iglesia Católica (representada en el Eclesiástico) ha conocido su etapa de mayor esplendor (el medievo) y su posterior declive (la época actual). Existen discusiones acerca de si la última línea de la estrofa se refiere a quienes se opusieron a la Iglesia Católica (clara alusión a la Inquisición, que les hizo «derramar sangre»), o bien su refiere a los líderes políticos y dominadores del mundo que en su insensibilidad se han apartado del camino de la comprensión y dan rienda suelta a su egoísmo desatando guerras atroces.

En la segunda cuarteta, la metáfora del arco iris parece ser utilizada por el profeta en sentido contradictorio. La primera línea parece convertirse en una metáfora de las alianzas de banderas, de colores representativos de naciones que se unen para la guerra. Es decir, durante cuarenta años la guerra no aparecerá. En la tan siguiente, el arco iris aparece como el ya conocido símbolo de la paz, de la calma. Durante los cuarenta años siguientes se disfrutará de paz (aquellos cuarenta años en los que no habrá guerra). Pero luego aumentará la aridez de la tierra a causa del gran diluvio (guerra, bombardeos, lluvia de fuego).

Si se conserva el sentido primero de «arco iris» como alianza de guerra, es fácil comprender el sentido de la frase «todos los días se la ha de ver». Desde 1945 hasta la fecha no hubo nuevas conflagraciones mundiales pero sí hubo y hay guerras atroces entre países en distintas partes del planeta, de modo tan frecuente que prácticamente «todos los días» se la puede ver. Contabilizando cuarenta años desde la finalización de la última guerra, puede suponerse que el profeta fijaba el estallido de la tercera guerra mundial a partir de septiembre de 1985…, lo que confirmaría sus predicciones anteriores, que databan la contienda para 1986… Pero que por suerte no ocurrió.

¿Quiénes participarán en la guerra?. (V, 55):

De la comarca de la Arabia feliz.
nacerá un poderoso rey mahometano
que humillará España, conquistará Granada
y luego por mar al pueblo ligústico.

En otras estrofas Nostradamus había determinado que Europa sería el centro del conflicto y que comenzaría en el Mediterráneo, o en el Adriático (II, 5). Asimismo, señaló que Francia se vería involucrada en la guerra (IX, 55). En esta estrofa parece puntualizar que la batalla se iniciará en el Mediterráneo, donde la fuerza invasora atacará España y logrará conquistar Granada, donde probablemente se libre una gran batalla que derrote a las fuerzas españolas. El pueblo ligústico es el que habita la Liguria, en el norte de Italia, donde se halla Génova, a orillas del Mediterráneo. También estas tierras serán conquistadas por el invasor.

Pero ¿de quién se trata? De alguien procedente de Arabia que profesa la ley mahometana. (En otro momento de sus profecías lo describe como «el penúltimo con el nombre del profeta».) Naturalmente, desde la perspectiva de un sabio medieval se trata de un líder, es decir un reflejo de los hombres y las situaciones de la época. Por más profeta que fuese, es absurdo imaginar que Nostradamus pudiera advertir claramente la evolución de la política mundial hasta el punto de comprender que en el siglo actual la importancia de los individuos ha quedado relegada, subvertida, a la de las naciones, las corporaciones y los grandes grupos de poder. El líder descrito por Nostradamus puede tratarse de alguien que rija un país árabe o bien de una nación determinada, y aun de una organización de naciones. El actual poderío económico de los países árabes y su progresivo dominio del mundo perfila claramente a este grupo de poder y no resulta ilógico suponer que juegue un papel decisivo en las guerras futuras.

El papel de los árabes queda claramente confirmado en otra centuria. (III, 28):

El penúltimo con el sobrenombre del profeta
escogerá día como día de descanso;
lejos vagará por una mente frenética
y librará a un gran pueblo de impuestos.

Y también. (I, 79):

La barba rizada y negra por artificio
subyugará a la gente cruel y fiera.
El gran Chiren sacará del presidio
a todos los cautivos desterrados por Selín.

Un país árabe cuyo líder o presidente lleve el nombre de Mahoma, Mahomet o sus derivados («el penúltimo que lleve el nombre del Profeta») tomará el viernes («diana») como su día de descanso, es decir según lo hacen los mahometanos. La tercera línea admite dos lecturas contrapuestas: o bien vivirá lejos de su país urdiendo frenéticos planes (como la estancia del ayatollah Jomeini en Paris planeando la caída del Sha) o bien se verá obligado a exiliarse lejos de su tierra por la conspiración de una mente frenética, es decir enemiga. Evidentemente este líder será progresista. A diferencia del ayatollah Jomeini que ha intensificado rígidamente las leyes más estrictas, este nuevo líder las suavizará para beneficio de su pueblo («librará a un gran pueblo de impuestos», es decir de leyes rígidas).

Puede evocarse la figura del ayatollah por la descripción física que puede encontrarse en la primera línea de la segunda cuarteta analizada y convenir en que ambas líneas iniciales describen la llegada de Jomeini a Irán en la efervescencia popular contra el tiránico régimen del Sha. Sin embargo, también es admisible que se trate de un líder futuro o de una nación que conducirá a los países árabes a la guerra. Mientras esto ocurra, un hecho decisivo tendrá lugar en Francia.

Chiren es interpretado generalmente como un anagrama de Henric o Enrique. El conde de París, hijo del duque de Guisa y descendiente del rey Luis Felipe I de Orleans, tiene varios hijos, el mayor de los cuales se llama, precisamente, Enrique, y ostenta el título de Príncipe de París. Si la profecía de Nostradamus se hubiera cumplido, cuando en 1986 estallara la tercera guerra mundial, este personaje cumpliría un papel decisivo en la contienda. Es lógico suponer que al hallarse su país inmerso en una guerra, llame a los que se hallen lejos, pues "ostera du lungin" tanto puede traducirse como «sacará de presidio» o «atraerá a los exiliados, a los que están lejos». Seline es Selene, es decir la Luna. Estos que se han ido de Francia lo han hecho a causa de la Luna, lo cual puede comprenderse como una alusión a la amenaza de los países árabes.

(I, 43)

Antes que llegue el cambio de Imperio
ocurrirá algo maravilloso:
el campamento atónito, el ladrón de Porfirio,
lanzado, transmutado sobre la dificultad.

En los inicios de la guerra, Nostradamus retoma el tema del antipapa. La primera línea puede interpretarse como una modificación o la derrota de Francia, un cambio en sus condiciones de vida. Antes que esto suceda el mundo presenciará azorado cómo el ladrón o depredador de Porfirio (mármol que abunda en los pilares de la iglesia de San Pedro), es decir quien ataca a la Iglesia será catapultado, enviado por encima de la dificultad o escollo en litigio, es decir la Iglesia o más exactamente el Vaticano. Cabe precisar que esta última línea ha despertado profundas controversias a través de los siglos, y aún no existe acuerdo acerca de su significado preciso.

Pero si los países árabes se lanzan a la guerra contra Occidente, no será por capricho o absurdas ambiciones, sino a causa de las disensiones internas:

(VII, 33)

Por fraude reina, fuerzas expoliadas,
la clase obsesa acecha, lanzándose al espionaje,
dos falsos amigos vendrán a aliársele
despertando odios largo tiempo dormidos.

Las atroces diferencias sociales de los países árabes terminarán por encender la mecha del descontento, creando graves conflictos internos que sólo podrán ser apaciguados si las naciones se lanzan a una guerra santa. El modo en que el profeta perfila a la aristocracia, a la clase dominante del siglo actual, puede resultar sencillamente asombroso por su exactitud para el tiempo actual en que vivimos, teniendo en cuenta que estas estrofas fueron escritas hace casi quinientos años: la clase "obsesa" (es decir, obsesionada con el poder y su conservación) reina mediante el fraude, el engaño, expoliando a las restantes fuerzas que conforman la comunidad. Como teme perder sus privilegios, acecha en torno suyo los peligros reales e imaginarios, recurriendo al espionaje y a toda clase de artimañas para protegerse y salvaguardar sus intereses. La alianza de esta clase con dos falsos amigos (es decir, potencias u organizaciones internacionales que pretenderán legitimar sus injustas conquistas) despertará en el pueblo la conciencia de sus derechos, es decir un odio largo tiempo adormecido.

La guerra será cruel y se extenderá por Europa:

(I, 9)

De Oriente vendrá el corazón Púnico
a hostigar Hadria y los herederos de Rómulo
acompañado de la clase líbica
temblará Malta y las exhaustas islas cercanas.

El corazón Púnico puede interpretarse como el centro de África, de modo que la profecía indica que desde Oriente llegará una fuerza que hostigará España (Hadria) e Italia (hoirs puede traducirse por «herederos», y Rómulo es, según la leyenda, uno de los fundadores de Roma), con el apoyo de la flota de guerra (el latín classis es «flota») de Libia, llevando la guerra y la desolación a Malta y demás islas del Mediterráneo.

(VII, 30)

Se aproxima el saqueo, fuego y mucha sangre derramada,
Po, grandes ríos, tarea de boyeros,
De Génova, Niza tanto tiempo esperada,
Fossar, Turín, en Savillán la presa

Los invasores entrarán en Italia a sangre y fuego, originando saqueos, violaciones y masacres. Las riberas del Po y los demás ríos italianos ("tarea de boyeros") padecerán la guerra. Los invasores atacarán Fossano y Savigliano, dos localidades del Piamonte, así como Génova y Turín, e intentarán extenderse hasta Francia y capturar la muy apetecida ciudad de Niza.

(I, 18)

Por la negligente discordia francesa
el paso a Mahomet quedará abierto:
empapada de sangre tierra y mar Senense
el puerto focense de velas y naves cubierto.

Aun cuando durante mucho tiempo esta estrofa se interpretó como una alusión al caos reinante en Francia durante la segunda guerra mundial, en realidad se trata de una enriquecedora descripción del proceso que se desarrollará durante la tercera guerra mundial a partir de la invasión del Mediterráneo. Los errores tácticos («la negligente discordia») de los líderes franceses facilitarán la invasión de Francia. Las ciudades cercanas al río Sena verán sus calles y puertos cubiertos de sangre, mientras las naves enemigas de la flota de Libia ocuparán por completo el puerto de Marsella, dado que la metáfora «puerto focense» se refiere a esta ciudad fundada por los focenos, uno de los pueblos más importantes del Asia Menor.

(III, 31)

En los campos de Media, Arabia, Armenia,
dos grandes ejércitos tres veces chocarán
cerca del río Araxes, el dominio
del gran Solimán, por tierra caerán.

(IX, 28)

Vuela Simacle hacia puerto Masiólico
del puerto de Venecia ir hacia Panonia,
partir del golpe y del Seno Ilírico
desolación en Sicilia, cañones en Liguria.

(V, 90)

En las Cícladas, en Petinto y Larisa,
en Esparta y en todo el Peloponeso,
gran hambruna, peste por falso polvo
que durará nueve meses por toda la península.

La descripción de los avatares de la tercera guerra mundial es estremecedora. En la cuarteta III, 31 se informa que en Arabia, en Armenia, en la región de los medos, en cada uno de estos lugares se producirán grandes batallas de los dos ejércitos enemigos («dos grandes ejércitos tres veces chocarán») y el triunfo corresponderá a las fuerzas aliadas. Solimán fue uno de los grandes jefes árabes del medievo, y por lo tanto es una utilización metafórica del poderío árabe que atacará Europa durante la tercera guerra mundial. La mención del río Araxes se debe probablemente a que en vida de Nostradamus tuvo lugar la sanguinaria batalla de Araxes en 1514, y de este modo, mediante una comparación, el profeta quiso describir que las batallas futuras no le irían en zaga en ferocidad y violencia. De todas formas, el ejército asiático será vencido en este enfrentamiento. Curiosa también la Centuria (III, 40):

> El gran teatro será nuevamente enderezado,
> los dados lanzados y las redes tendidas,
> el primero fue dejado aparte durante demasiado tiempo
> a causa de arcos caídos, ya rotos hace mucho tiempo.

Durante el medievo abundaron las concepciones del mundo como un gran teatro. Estas referencias pueden encontrarse en Calderón de la Barca, en las pinturas de El Bosco y en muchos otros testimonios. El profeta parece haber recogido esta tradición en la primera línea de la estrofa al describir que, con la llegada de la paz comenzará la reconstrucción del mundo, ferozmente devastado por la guerra que acaba de concluir. La vida renacerá junto con la esperanza de la dicha para los supervivientes. Retornará la alegría («los dados serán lanzados») y la fecundidad («las redes tendidas»). Respecto a las dos últimas líneas, o se trata de la descripción de una conciliación política entre fuerzas habitualmente antagónicas que, sin embargo, lucharon unidas en la última conflagración (¿Rusia y Estados Unidos?) o bien al decir «el primero», Nostradamus se refiere a lo que menciona en primer lugar, el mundo, que es a la vez lo primero, lo fundamental, lo más importante. Desde esta perspectiva puede comprenderse el significado completo de las últimas líneas porque el primero, el mundo, es el que ha sido descuidado durante demasiado tiempo por culpa de las guerras insensatas entre naciones que no respetaron sus mutuos pactos de no agresión. "Arcos" puede entenderse como alianzas, pactos («ya rotos hace mucho tiempo»), rotos al iniciarse la guerra.

(X, 42)

El reino humano de angélica progenie
hará a su reino paz y unión tener.
Cautiva guerra mitad de su clausura
largo tiempo la paz les hará mantener.

El reino humano inspirado por los ángeles del Paraíso («de angélica progenie») logrará restablecer una paz confederada con el acuerdo de las grandes naciones. El fantasma de la guerra permanecerá prisionero, clausurado, y la paz reinará por largo tiempo. Este vaticinio venturoso aparece como una luz de esperanza tras la larga guerra.

España y la tercera guerra mundial

Difíciles días presagia el vidente de Salon para la Península Ibérica. En la tercera guerra mundial que, según quienes han descifrado sus cuartetas habrá de comenzar a mediados de 1986, España deberá soportar un amargo martirio, y puesto que la guerra tendrá por escenario Europa, se verá dolorosamente involucrada:

(III, 20)

Por las comarcas del Guadalquivir
lejos del Ebro, en reinos de Granada,
retroceden las cruces ante los mahometanos
uno de Córdoba traicionará a su tierra.

Bethique, proviene del nombre latino Baetis con que se denominaba al Guadalquivir. Ibere son los íberos, la denominación griega de los que vivían en las orillas del Ebro. Repoussees es traducido habitualmente por su literal «rechazadas» aunque su sentido genérico es realmente «empujar hacia atrás», es decir, hacer retroceder. Contrade es un vocablo dialectal que el profeta debía conocer como de uso corriente en Salon y St. Remy puesto que proviene de la Provenza y describe a la comarca, a la tierra a la que se pertenece.

Con estos elementos puede advertirse que Nostradamus involucró a España en la tercera guerra mundial, e incluso vaticinó que será campo de batalla de duras contiendas. Ubica el combate con toda precisión geográfica, e individualiza al ejército español (que forma parte de los aliados europeos en lucha contra el invasor árabe) con el signo de la cruz de Cristo, aludiendo a la tradicional fe católica del pueblo. Las fuerzas del ejército español deberán retroceder ante el avance del enemigo («retroceden las cruces ante los mahometanos») y posteriormente, o tal vez el retroceso se deba a ello, un español, oriundo de Córdoba, traicionará a los suyos a favor del invasor.

(V, 27)

Por fuego y armas, no lejos del mar Negro
vendrá de Persia a ocupar Trebisonda:
temblarán Fato, Metelín, sol brillante,
de sangre árabe, Hadria cubierta ola.

El ataque invasor se extenderá por todo el Mediterráneo y llegará hasta el mar Negro. Desde Irán bajarán ejércitos («vendrá de Persia a ocupar Trebisonda») y temblarán las ciudades mientras las batallas se suceden ferozmente alcanzando España (Hadria) que se verá cubierta de sangre árabe.

(X, 95)

Desde España llegará un rey muy poderoso
por mar y tierra subyugando el Mediodía,
éste mal hará, rebajando a la Media Luna,
bajando las alas a los de los Viernes.

En el transcurso de la tercera guerra mundial, el rey de España - o tal vez un líder militar que lo represente - lanzará un ataque
por mar y tierra para rescatar Francia, logrando reconquistar la
Zona denominada Midy o el Mediodía francés. Ésta será su obra
(«éste mal hará»), reduciendo a los invasores (cuya bandera - se
supone debido a los estandartes actuales - contendrá la figura de
la media Luna) y deteniendo su avance y sus insensatos sueños de
conquista. Los mahometanos veneran el día Viernes ("rebajando
a la Media Luna, bajando las alas a los de los Viernes").

TRAGEDIA EN LOS JUEGOS OLÍMPICOS

(X, 74)

Al concluir el gran número séptimo
surgirán en el tiempo juegos de hecatombe,
no muy lejos de la gran edad milésima
que los admitidos saldrán de sus tumbas.

Esta estrofa, de difícil resolución, puede referirse al atentado terrorista contra los atletas israelíes ocurrido en los Juegos Olímpicos de 1972 en Munich, (en Alemania Occidental en dicha fecha), cuando 11 miembros del equipo olímpico israelí fueron tomados como rehenes y asesinados por el grupo terrorista "Septiembre Negro", una facción de la OLP (Organización para la Liberación de Palestina), liderada entonces por Yasir Arafat.

WATERGATE, EL ESCÁNDALO

(II, 82)

Por hambre la presa hará al lobo prisionero
asaltándola afuera con mucha habilidad
el mayor se enfrentará con el menor
el grande no se escapa en medio de la prensa.

¿Watergate? Los elementos parecen coincidentes. Por ambición de poder y codicia («por hambre») la presa, es decir los que están atrapados, los prisioneros, los que dependen, lograrán volverse contra quien los domina, lo que puede entenderse como los asalariados menores atacarán a sus jefes, quienes tienen poder sobre ellos. Como se recordará, el escándalo Watergate salió a la luz gracias a las delaciones pagadas a funcionarios. Mediante cintas magnetofónicas tomadas en diversos recintos («asaltándola afuera con mucha habilidad»), hasta el presidente Nixon («el lobo») fue involucrado. La tercera línea admite dos interpretaciones: una de ellas es la de los jóvenes tecnócratas que vieron en la crisis política la posibilidad de acabar con sus ancianos superiores que les obstaculizaban el camino, y otra el inevitable enfrentamiento que provocó Watergate entre la Casa Blanca y el FBI, que teóricamente debería depender de ella («el mayor se enfrentará con el menor»). La última línea de la cuarteta prácticamente no requiere desciframiento: fue el New York Post, la prensa, la que desató el escándalo e involucre en él hasta al propio Nixon («el grande no escapar...) quien finalmente dimitió. Como ya se dijo antes, el hermetismo de la obra de Nostradamus vuelve peligrosamente posible interpretar un texto a la luz de hechos ya ocurridos con la intención de hacerlos coincidir cuando existen similitudes probables. Si esto es así y la referida cuarteta no vaticinaba Watergate...., ¿debe entenderse entonces que un nuevo y corrupto escándalo político internacional se halla en vísperas de estallar, y que las primeras planas de los periódicos de lodo el mundo lo reflejarán dentro de poco tiempo?

¿UNA ALUSIÓN A ETA?

VIII, 85)

Entre Bayona y San Juan de Luz
se emplazará el promontorio de Marte
a los Hanix de Aquilón quitará luz
luego sofocado en la cama sin ayuda.

Como es sabido, Marte es el dios de la guerra. La estrofa sugiere que entre Bayona y San Juan de Luz se establecerá un promontorio, su altar, es decir, la zona de conflicto. Es muy probable que Hanix sea una transformación de la palabra griega anikatos, que quiere decir «inconquistable». Aquilón es utilizado siempre por el profeta como un sinónimo de lo que viene del norte. Nanar es muy probable que provenga del latín nonaria, prostituta, y por extensión quien se vende por dinero: los delatores, los traidores. De modo que el sentido de la estrofa sería probablemente: «entre Bayona y San Juan de Luz existirá una zona de conflicto. A los inconquistables, los rebeldes de la zona norte, un delator o traidor quitará fuerzas pero morirá (será muerto) "sofocado en la cama" sin que pueda pedir ayuda». ¿No parece una asombrosa descripción del grupo ETA, y también de sus acciones de guerra como venganza por delación?

LA TUMBA DE SAN PEDRO

Uno de los más legendarios enigmas de la cristiandad será desvelado a través de una tragedia:

(IX, 84)

El rey expuesto concluirá la hecatombe
después de haber hallado su origen
torrente abrir la tumba de plomo y mármol
de un gran romano insignia de Medusina.

Según el augurio de Nostradamus, la Iglesia Católica llegará al ocaso antes de la cuarta guerra mundial, es decir después del terrible desastre ecológico que aguarda a la Humanidad. El último papa será italiano y pertenecerá a las filas de la Compañía de Jesús - los jesuitas -, identificado con el nombre de Petrus Romano. Este papa habrá salvado su vida de la masacre ecológica («el rey expuesto»), y llegará al final de una tragedia que resolverá un gran enigma de la Iglesia Católica. Los terremotos, la desencadenada furia de los elementos abrirá la tierra y dejará expuesta la tumba («torrente abrir la tumba de plomo y mármol») de san Pedro, inútil- mente buscada por los cristianos durante siglos. De este modo, la Iglesia retornará a sus comienzos («después de haber hallado su origen»). San Pedro, la «piedra» sobre la cual se asentó la Iglesia Católica, es el «gran romano» al que alude la cuarta línea de la estrofa. La clave de la cuarteta se halla en la palabra Medusina, a la que tradicionalmente se interpretó como un derivado de las medusas mitológicas, sin que la estrofa encontrara un significado lógico hasta que se estableció que la palabra podría ser una deformación de Deus in me (Dios en mí), lo que, además, podría ser la inscripción que identifica la tumba donde se guardan los restos de san Pedro.

LA CODICIA DEL IMPERIALISMO

(X, 81)

Ubicado el tesoro por los ciudadanos de Hespérides,
en aquel retirado y secreto lugar:
se abre el templo de los vínculos famélicos,
recobrado, arrebatado, presa horrible en la mitad.

Durante siglos se descifró esta cuarteta como un vaticinio de la conquista y saqueo de América por parte de los aventureros españoles, pero un estudio más detenido convino en sugerir que la gran ciudad, la Hespérides de la que habla Nostradamus, puede tratarse de Nueva York y, por lo tanto, de los Estados Unidos. Una interpretación política podría sugerir que aquel «templo» al que se le rinde culto en un lugar secreto podría tratarse de armas o, metafóricamente, de ideales libertarios de pueblos americanos pobres («vínculos famélicos») cuyos intentos serían reprimidos con la anuencia y el apoyo de los Estados Unidos, como ocurre actualmente en América Central. Una interpretación global, sin embargo, permite asociar al templo (lo sagrado, lo valioso) con la riqueza de dichos países que intentan recobrar sus propios destinos, arrebatados mediante la violencia y horribles daños, que podría significar la muerte de un líder revolucionario.

CATÁSTROFE EN EUROPA

(X, 67)

Del temblor tan fuerte del mes de mayo
Saturno en Capricornio, Júpiter y Mercurio en Tauro,
Venus, también en Cáncer, Marte en Nonnay,
caerá pedrisco más grande que un huevo.

(II, 43)

Durante el paso de la estrella de cabellera aparente...
Heridas del cielo, paz, tierra temblante...

El tema de los temblores y seísmos de mayo, que tanto obsesionaba a Nostradamus, regresa en estas centurias para profetizar una visión desoladora de Europa bajo una serie de dramáticos fenómenos naturales en los que «la tierra temblará» y caerá pedrisco más grande que un huevo» surgiendo desde las «heridas del cielo» que, por supuesto, también pueden ser interpretadas como rayos, relámpagos y truenos procedentes de una tempestad infernal. Sólo queda establecer la fecha de este panorama desolador, y acude a la astrología para resolverlo. La influencia de Venus se produce hasta el 22 de mayo, pero el dominio de Júpiter no se produce hasta el 14 de junio, y la referencia a Cáncer lo traslada hasta el 21 del mismo mes. La «estrella con cabellera» es, obviamente, un cometa que, de acuerdo con los estudios astronómicos actuales, permite precisar que esta catástrofe a la que alude Nostradamus debería producirse durante algún verano entre los años 2096 y 2156.

España ayuda en las catástrofes

(VI, 88)

Un gran reino quedará desolado
cerca del Hebrón se habrán reunido,
los Montes Pirineos le habrán consolado
cuando en mayo las tierras hayan temblado.

(I, 93)

La tierra itálica cerca de los montes temblará
León y Gallo no muy confederados
en vez de temerse se ayudarán el uno al otro,
solos Catulón y celtas moderados.

En mayo se suceden más seísmos y temblores de tierra en el planeta que en ningún otro mes del año. Esto llevó a los discípulos de Aristóteles a investigar la anomalía de dicho fenómeno. Tal vez Nostradamus conociera las obras de Teofastro y Posidonio, y basándose en dichos textos estableciera alguna tabla que, con la ayuda de la astrología, le permitiera ubicar en el tiempo sus predicciones. Así, para el verano de 2044 predice una tragedia geológica en Europa, de la que Italia se verá grandemente afectada. Aquí no existe acuerdo entre los expertos, porque si «tierra itálica cerca de los montes» se interpreta como los bellísimos bosques del norte, es lógico imaginar que la extensión del fenómeno implicaría a Suiza y tal vez a Francia. Pero mirando al sur resulta más lógico suponer que la profecía augura el reinicio de la actividad de alguno de los grandes volcanes italianos.

De una u otra forma, España se mostrará solidaria. La ayuda vendrá desde detrás de los montes Pirineos para proporcionar confortamiento y consuelo, augurio que subraya cuando menciona a los «celtas moderados», que prestarán su apoyo en aquellos momentos aciagos.

HURACÁN SOBRE MIAMI

(IX, 48)

La gran ciudad del océano marítimo
rodeada por almenas de cristal
en el solsticio de invierno y primavera
será tentada por un viento atroz.

La palabra clave de la segunda línea, "marets", admite la traducción de almenas y también la de pantanos, es decir agua acumulada, extensa, lagos, corrientes, cuando la imagen es, como en este caso «pantanos de cristal». Si el desciframiento de la cuarteta se apoya «pantanos», indudablemente no existe otra ciudad que admita va descripción tan neta como Miami, ubicada a orillas del océano Atlántico, atravesada y dividida por sus propios canales y cercana a los pantanos de Florida que, de algún modo, la rodean. Es posible identificarla por las «almenas», identificadas con los casillos, palacios y falsas mezquitas de sus parques de atracciones, construidas en cristal y cartón piedra, y también por los innumerables rascacielos de cristal que, como almenas, abundan por toda la ciudad.

En el futuro, en un «solsticio de invierno y primavera», una tragedia –un terremoto, una ola gigantesca o, más probablemente, un huracán («un viento atroz»)– se desencadenará sobre Miami, causando muertes, derrumbamientos y terror.

La tragedia, en todo caso, parece estar vinculada al futuro de Norteamérica, pues en otra estrofa el profeta insiste. Lo vemos en (I, 87):

La sacudida del centro de la tierra
hará temblar alrededor de la ciudad nueva
dos grandes rocas guerrearán por largo tiempo
y Aretusa enrojecerá un nuevo río.

Ennosigee proviene de una palabra griega que significa «el que agita la Tierra», y era un calificativo del dios Neptuno. La ciudad de Nueva York (a la que Nostradamus siempre menciona al referirse a ella como «la ciudad nueva») se halla asentada en la falla de San Andrés, zona de terremotos debido à dos plataformas de rocas que se enfrentan («dos grandes rocas guerrearán por largo tiempo») debajo de la Tierra. Aretusa fue una ninfa griega que los dioses convirtieron en un estrecho, en una bahía. Obviamente, el sentido es que el terremoto que se abatirá sobre Nueva York provocará tal masacre que la bahía de Hudson enrojecerá de sangre humana.

Aunque el profeta insistiera en Norteamérica, concretamente Miami, y el Océano Atlántico…, si tenemos en cuenta la alusión a las almenas, podemos ver que en Valencia hay varios municipios con castillos, y la misma Valencia cuenta con almenas en la torre de su Lonja. ¿No podría ser el mar Mediterráneo en vez del océano Atlántico, y tratarse de la Dana de octubre de 2024 con sus catastróficas consecuencias? Y en el caso de Nueva York, ¿tal vez que se refiera a los ya nombrados atentados del 11 de septiembre de 2001, como veremos más adelante en la Centuria IX, 92?

ATAQUE A NUEVA YORK

(IX, 92)

El rey querrá entrar en la ciudad nueva
por los enemigos se llegará al desastre
cautivo liberado miente y perpetrar
rey estar fuera, resistirá lejos de sus enemigos.

En medio de las complicadas negociaciones de paz para detener la furia genocida de la tercera guerra mundial, las Naciones Unidas propondrán una conferencia de paz que tendrá lugar en pleno Manhattan. Pero un líder enemigo exigirá estar presente en ella, y que tanto él como buena parte de su ejército puedan entrar en Nueva York libremente. Su llegada ocasionará confusiones y trastornos, y aun su detención momentánea, que el líder deformará en sus versiones refiriendo a los suyos que el pacto no fue cumplido y que su viaje a Nueva York era una encerrona de la que milagrosamente ha podido escapar, lo cual incrementará el ansia de represalia de ejército para con la ciudad, a la que atacarán ferozmente (por los enemigos se llegará al desastre»). El presidente de los Estados Unidos se hallará fuera de Nueva York en el momento del gran ataque («rey estar fuera»), y desde otra parte, posiblemente desde un refugio secreto, podrá continuar dirigiendo la defensa del país ("resistirá lejos de sus enemigos").

La visita de un líder enemigo a Nueva York es un tema recurrente en la obra del profeta; al parecer, la idea de un jefe enemigo entrando en la ciudad nueva, y los problemas que tal acción podrían ocasionar, acompañado por una traición o una mentira, parecieron preocupar seriamente a Nostradamus, pues el tema se repite, con ligeras variaciones.

(VIII, 74)

En tierra nueva muy pronto entrará el rey
y los súbditos le darán la bienvenida
pero su perfidia encontrará traición
además de festejos y recepciones.

Esta cuarteta es verdaderamente importante porque confirma que el profeta está hablando de América, la «tierra nueva», que así era como se llamaba al continente americano en tiempos de Nostradamus. Retorna el vaticinio del líder enemigo que llega a Nueva York durante la tercera guerra mundial - ¿O tal vez se trate de un funesto suceso independiente que podrá leerse en las crónicas de los periódicos en un futuro no muy lejano? - y es recibido amistosa - mente por los norteamericanos. Pero en Nueva York, además de las fiestas y homenajes recibidos, su mala fe querrá ver una traición allí donde no necesariamente exista.

(X, 72)

La tierra y el aire se helarán grandemente
cuando se vaya a venerar al Jueves
lo que nunca será ni fue tan bello
de cuatro partes lo vendrán a honrar.

De las grandes religiones conocidas en Occidente durante el período en que vivió Nostradamus, no existía ninguna cuyo día de veneración fuese el jueves. Para los católicos el día venerado es el domingo, para los judíos el sábado, y para los musulmanes el viernes. ¿Qué es el jueves? La tradición señala que la celebración del Día de Acción de Gracias, en los Estados Unidos, sea siempre jueves. Cabe suponer que el profeta alude a la ciudad de Nueva York, puesto que desde todos los puntos cardinales («de cuatro partes») llegarán hasta ella los habitantes de la nación.

Pues bien, cuando desde todos los puntos cardinales se confluya en Nueva York para celebrar el Día de Acción de Gracias, sucederá una hecatombe, un desastre de grandes proporciones. ¿Glaciación? ¿Ataque Nuclear? Dado que sucederá en un día, el corto lapso hace creer que se trata de un bombardeo o del lanzamiento de una bomba mortífera que literalmente barrerá la ciudad: «La tierra y el aire se helarán grandemente».

Se puede interpretar también como un Ataque Nuclear en el año 1997, si nos atenemos a (VI, 97):

"El cielo arderá en los cuarenta y cinco grados
(latitud de la ciudad de Nueva York).
El fuego se acerca a la ciudad nueva.
En un instante se alza una enorme llama dispersa" ...

Se piensa en un ataque nuclear, aunque en realidad vemos que se trataba del ataque terrorista con 2 aviones comerciales contra las Torres Gemelas. Y tal vez por tratarse de la cuarteta 97 se pensó en el año 1997. Ya vimos que no es la primera vez que cuando una fecha no la tiene clara, la asocia al número de cuarteta. Pues en este caso ocurrió 4 años más tarde... Más adelante veremos algo parecido en (II, 89), pues al hablar de la alianza entre Rusia y Estados Unidos, por tratarse de la cuarteta 89, lo relacionó con el año 1989.

Pero el ataque a Nueva York no está separado del futuro que
el profeta imaginó para los Estados Unidos:

(IV, 50)

Libra reinará sobre las Hespérides
manteniendo su poder sobre el cielo y la tierra
nadie verá morir a las fuerzas de Asia
que siete no tengan por rango la jerarquía.

En los tiempos en que Libra domine América, ésta llegará
a la cima de su poderío, tal como ocurrió en la década de 1970.
Pero las fuerzas asiáticas no serán doblegadas («nadie verá morir
a las fuerzas de Asia»), y en siete oportunidades, a partir de la
década de 1980, dichas fuerzas demostrarán a los Estados Unidos
que no se someterán a sus designios y que aspiran a una idéntica jerarquía. Acaso el giro político de Irán sea el primero de
estos siete enfrentamientos. El fanatismo político-religioso que
estalló en Egipto, acabando con la vida de Sadat ¿habrá sido el
segundo enfrentamiento de esta trágica década que Nostradamus
vaticinó como poco placentera? En todo caso, el profeta señala
claramente que la exaltación del poder de los Estados Unidos
está iniciando su declive.

(IV, 96)

La hermana de la isla Británica
nacerá quince años después que su hermano
por su prometido mediante verificación
sucederá al reino de la balanza.

Esta cuarteta es realmente profética. El hecho de hablar
de «isla Británica» y no de Inglaterra denota claramente que
su realización tendría lugar después de 1609, cuando esta interpretación cobró sentido. Pero lo singular de la profecía es

que en pleno medievo el profeta perfiló la existencia de los Estados Unidos, por cuanto es lógico que haya denominado a Norteamérica «hermana» de Inglaterra por hábitos, costumbres y fundamentalmente idioma. Anunció que nacería quince años después que su hermano (Canadá), y que su poderío sucedería al reino de la balanza (Inglaterra), tal como realmente ocurrió a partir de la revolución industrial.

Por último, la confirmación de la posibilidad de un ataque a la ciudad de Nueva York puede hallarse en otra cuarteta:

(VI, 97)

Cinco y cuarenta grados el cielo arderá
fuego se aproxima a la gran ciudad nueva
al instante gran llama esparcida saltará
cuando se quiera probar a los Normandos.

De la latitud 45 grados del cielo llegará la amenaza a la gran ciudad nueva (evidentemente Nueva York). Irá acercándose paulatinamente («fuego se aproxima») y acaso en forma de bombas nucleares incendiarias o alguna otra forma de ataque desconocido hasta el presente. Tan pronto como se ponga en contacto con la ciudad se desatará un incendio de gigantescas proporciones («al instante gran llama esparcida saltará»). El momento en que esto ocurra constituye un enigma, pues la última línea de la cuarteta no ha podido ser descifrada. Al parecer, tal cosa sucederá simultáneamente con un ataque o alguna otra forma de dura prueba a la región de Normandía, en Francia. La definitiva confirmación de que el profeta habla de Nueva York radica en que esta ciudad se halla entre los paralelos 40 y 45, tal como lo describe la primera línea… por ello se vuelve a insistir una vez más en los aviones que impactaron sobre las Torres Gemelas el 11 de septiembre de 2001.

LOS PROBLEMAS QUE RUSIA DEBERÁ ENFRENTAR

(I, 73)

Francia con cinco partes asediadas por negligencia
Túnez, Argel, acometidas por los persas;
León, Sevilla, Barcelona caídas
no tendrá la flota por los venecianos.

La falta de cumplimiento de promesas de parte de Francia debido a su negligencia dejaría sin protección a cinco países de Oriente Medio, situación que aprovecharía Irán para iniciar un proceso de captación política, posiblemente a través de la exportación de una ideología religiosa. Pero Irán perteneció durante el medievo al Imperio Otomano, que ahora se halla en poder de Rusia, indicando que la política expansionista iraní podría estar apoyada ideológicamente por Rusia para controlar un área tan conflictiva. Las dos últimas líneas de la para cena resultan incomprensibles para lo que se conoce hasta el presente, salvo que se refiera a que todo esto ocurrirá durante la tercera guerra mundial, cuando algunas de las más importantes ciudades españolas se vean acosadas por el invasor, más esta interpretación es sólo una tentativa, por cuanto se carece de elementos específicos para descifrarla.

(IX, 99)

Viento de Aquilón que hará partir la sede,
por muros echar cenizas, cal y polvo,
por lluvia luego, que causará más daño
último socorro llega desde la frontera.

Se admite la posibilidad de que Nostradamus haya entrevisto en sus percepciones un posible ataque nuclear a Moscú. Generalmente, estos ataques son aludidos en forma de grandes vientos («viento de Aquilón»). Su fuerza sería tan grande que partiría en pedazos el Kremlin («hará partir la sede») lanzando fuera de sus límites cenizas, cal y polvo, es decir dejándolo en ruinas. Una lluvia de fuego - un ataque - agravaría el daño inicial, y sólo huyendo de la ciudad hacia las fronteras podría hallarse la salvación.

Otra estrofa parece confirmar que no existen elementos valederos en los presagios que permitan suponer que el profeta imaginó un enfrentamiento entre Rusia y los Estados Unidos. Por el contrario, parecen abundar los testimonios que los muestran unidos por encima de sus diferencias para enfrentar enemigos comunes:

(II, 89)

Un día compartirán el mundo los dos grandes maestros
su gran poder se verá incrementado;
la nueva tierra estará en sus fuertes manos,
los días del sanguinario estarán contados.

Demis es interpretado aquí como una apócope de d'amis - como lo ha sugerido Nicollaud -, es decir, amigos, porque de lo contrario, tomado en el sentido literal de «mitad», la segunda línea carecería de significado. De modo que describe que en el futuro Estados Unidos y Rusia estarán aliadas («compartirán el mundo los dos grandes maestros»), con lo que el poder de ambas será mucho mayor, y juntas resolverán el futuro de América ("la nueva tierra", tal como se la conocía en el medievo). La cuarta línea carece de significado comprensible, salvo que el profeta quiera decir que todo esto sucederá en los tiempos en que ya exista el Anticristo y que sólo la unión de las dos grandes potencias permitirá que su poder sea destruido («los días del sanguinario estarán contados»). Otra opción es que se trate de una metáfora entre el nuevo mundo que ambas potencias construirán juntas, un mundo de paz y de esperanza para el hombre, y el mundo viejo y sanguinario, donde existen los odios, las rencillas y la guerra. Este mundo desaparecerá rápidamente cuando las dos potencias se unan. Puesto que esto sucederá bajo el signo de Géminis, es decir de la Fraternidad, el augurio sobre la unión de Rusia y los Estados Unidos parece realmente verosímil.

Puede que aquí se esté haciendo alusión al acercamiento entre Estados Unidos y Rusia en 2025, tras la llegada al poder, nuevamente, de Donald Trump, queriendo estrechar lazos con Putin, para resolver el conflicto de Ucrania.

Sin embargo, su futuro también se presenta lleno de complicaciones:

(III, 1)

Después del combate y batalla naval
el gran Neptuno en su máxima exaltación:
el adversario rojo palidecerá de miedo
espantando a todo el gran océano.

De manera bastante burda se ha intentado identificar los rojos con Rusia, los comunistas, en la mayoría de las traducciones e interpretaciones que ha padecido Nostradamus. Un elemental razonamiento sobre la época en la que vivió el profeta desmonta la maniobra, puesto que no existía por entonces ninguna identificación entre los rusos y el color rojo que, por el contrario, era identificado con ciertas categorías de la Iglesia Católica, y también, junto con el negro, con los piratas y aventureros. Asimismo, es posible admitir que, dado el color de sus estandartes, Nostradamus se refiriera a los pueblos asiáticos, particularmente árabes, sobre todo teniendo en cuenta que el vidente de Salon insistió en el peligro que representarían los árabes en el futuro. Si esto es así, resulta más lógico suponer que la flota que luchará contra los árabes sea la soviética, por proximidad geográfica, y no la norteamericana. Por otra parte, sólo puede ser una de las dos superpotencias, porque «Neptuno en su máxima exaltación» parece indicar el tamaño gigantesco de la batalla naval que se desarrollará, una flota tan gigantesca que encrespe las aguas a su paso. Desde esta perspectiva, la profecía describe una enorme batalla naval contra un enemigo árabe que «palidecerá de miedo» ante el fragor de la contienda, y su respuesta causará espanto en todo el océano.

El planeta Neptuno fue descubierto cuando transitaba por el signo de Acuario, que es el de Rusia, lo cual significa que el futuro de Rusia puede descifrarse a través de las características de Neptuno. Desde el punto de vista astrológico, uno de los elementos que defienden los especialistas para fundamentar la irradiación definitiva del comunismo por el orbe es que está concluyendo la Era de Piscis y comenzará la Era de Acuario, es decir del acercamiento y la fraternidad. Acuario es el signo de Rusia, y su doctrina, en teoría, predica la igualdad entre los hombres.

Rusia contra Estados Unidos

A pesar de las interpretaciones eminentemente políticas plasmadas acerca de la interpretación entre estos dos grandes países, no existe ningún texto de Nostradamus que afirme el enfrentamiento de los dos colosos durante la tercera guerra mundial. Todo hace suponer que, siendo enemigos falsos e irreales, terminarían uniéndose para luchar contra otro enemigo común.

Sin embargo, parece aceptable admitir que el duelo de poder entre Estados Unidos y Rusia puede aparecer reflejado en las profecías:

(II, 91)

Al nacer el sol se verá un fuego lejano
ruido y claridad tendiendo hacia Aquilón
dentro del círculo se oirán gritos y muerte
fuego de guerra, hambre, muerte a los curiosos.

Aquilón significa un país del norte, como Rusia o los Estados Unidos. Al amanecer («al nacer el sol») esta nación será atacada de manera imprevista y el bombardeo -tal vez atómico- será de tal magnitud que podrá percibirse a la distancia. Los estragos alcanzarán a buena parte del país y a los que habitan en sus confines («dentro del círculo se oirán gritos y muerte»), lo que provocará una gran devastación con hambre y calamidades para los sobrevivientes.

Sin embargo, aquellos que quieren ver una confrontación que debe culminar en guerra entre las dos potencias, con frecuencia sortean el significado de una de las cuartetas que Nostradamus escribió describiendo precisamente lo contrario, es decir, la alianza de los dos colosos:

(VI, 21)

Cuando los del Polo Ártico se unan
en Oriente gran espanto y temor,
nuevo elegido, el grande sostenido tiembla,
Rodas, Bizancio con sangre bárbara teñida.

No hay muchas otras posibilidades de identificar a los países del Polo Norte más que admitiendo que se trata de Rusia y los Estados Unidos. Asimismo, es lógico suponer que la referencia al Oriente involucra a China, cuyo poderío podría verse seriamente amenazado por esta unión («el grande sostenido tiembla») y daría lugar a una guerra en Oriente Medio («Rodas, Bizancio con sangre bárbara teñida»).

EL GRAN DESASTRE ECOLÓGICO
DE LA HUMANIDAD

Una vez finalizada la tercera guerra mundial, llegará la paz. Durará cincuenta y siete años. No serán años de dicha plena, porque la utilización indiscriminada de armas nucleares durante la contienda dará paso a un desastre ecológico sólo comparable al Diluvio Universal:

(III, 4)

Cuando las fallas lunares se aproximen
y haya de uno al otro lado escasa distancia,
frío, aridez, peligro en los confines
en el propio lugar donde comenzó el oráculo.

(III, 5)

Entonces la lejana falla de las dos grandes estrellas
ocurrirá entre abril y marzo.
¡Oh, qué pérdida! Pero dos grandes influencias
por tierra y mar socorriendo en todas partes.

El profeta explica un cataclismo ecológico que sucederá en el siglo XXI, una vez finalizada la tercera guerra mundial y causado por ella. Las «fallas lunares» a las que alude son eclipses, por lo que esta cuarteta fue interpretada como una descripción del eclipse solar de 1556, cuando hubo un invierno particularmente severo en Europa y había peligro en las fronteras de España con la zona francesa de Picardía.

Más posible resulta que el profeta describa con sobrecogimiento una falla ecológica: sucederá entre marzo y abril, durante un eclipse («fallas lunares», y también «haya, de uno al otro, escasa distancia», es decir, escasa distancia del Sol a la Luna, es decir, superpuestas) ¿Cuáles son los confines del mundo civilizado? Los Polos. De modo que llegará un frío atroz. Los elementos desencadenados por las explosiones nucleares harán que el hielo rebase los límites actuales y cubra toda la Tierra. Frio y aridez. Frío que hará imposible la vida comunitaria que se llevaba hasta ahora. Campos nevados, inutilizados, escasez de alimentos, crisis en la agricultura mundial. Y todo esto lo padecerá Europa («en el propio lugar donde comenzó el oráculo»). El oráculo pudo haber comenzado en Salon-Aix-Provence (donde vivió Nostradamus, o en St. Remy donde nació. En todo caso en Francia, en Europa. La tragedia será de grandes proporciones «¡Oh, qué pérdida!», se lamenta el profeta de sus estremecedoras visiones). «Pero dos grandes influencias» (¿Rusia y los Estados Unidos?) prestarán angustioso socorro por tierra y mar.

(IV, 30)

Más de once veces la Luna y el Sol no querrán
todos aumentados y rebajados de grado
y tan bajo puesto que poco entonces se creerá
luego hambre y peste, secreto revelado.

En esta hermética estrofa, el profeta parece querer indicarnos que, además del riesgo de glaciación, las explosiones nucleares modificarán el comportamiento planetario, en especial el de la

Luna, la cual durante once veces se negará a cumplir su recorrido, y es Probable que termine chocando con otro planeta. Esto determinará que algunos planetas se acerquen a la Tierra, por lo que serán más visibles («todos aumentados y rebajados de grado»). Acaso la Luna se acerque peligrosamente a nuestro planeta, de tal manera que nadie podrá creer lo que está sucediendo. Pero el pavor no será bastante porque además llegarán el hambre y la peste ¿Cuál es el Secreto revelado? Hasta el momento nadie ha podido desentrañar este enigma.

LA 4ª GUERRA MUNDIAL

(X, 89)

De ladrillo en mármol serán los muros reducidos,
siete y cincuenta años de paz,
alegría para los humanos, renovado el acueducto,
salud, grandes frutos, alegría y tiempos malignos.

Después de la tercera guerra mundial, después de tanto dolor y devastación, finalmente llegará la paz. El mundo renovará sus esperanzas y habrá llegado el tiempo de la reconstrucción que se prolongará por cincuenta y siete años. Los muros de ladrillo serán destruidos y sustituidos por otros de mármol, más lujosos, bellos y perdurables, como demostración de fe en el futuro de la humanidad. Se renovará el acueducto, es decir, se iniciarán nuevas obras para tornar la vida más agradable, y habrá alegría entre los seres humanos, salud y grandes frutos, es decir abundancia. Pero toda esta dicha sólo durará cincuenta y siete años. Después llegarán los «tiempos malignos», es decir, el advenimiento de la cuarta guerra mundial, la definitiva, la que acabará con el planeta.

(V, 32)

Donde todo está bien, todo el bien Sol y Luna
es abundante, se acerca su ruina.
Del cielo avanza a aventar tu fortuna,
en el mismo estado que la séptima roca.

(I, 56)

Veréis, tarde o temprano, producirse un gran cambio,
horrores extremos y venganzas...

Cuando todo se halle en equilibrio y la abundancia haya
llegado a aquel nuevo mundo reconstruido, bombas, amenazas,
bombardeos, destrucción, algo que llegará del Cielo sembrará
la ruina (y al usar la segunda persona «tu fortuna», en un tono
intimista, es evidente que el profeta se refiere a Francia, su tierra,
permitiéndose un matiz de sentimiento personal), que también
alcanzará a Francia (y por ende, a toda Europa), produciendo
desolación. Como se sabe, la séptima roca del Apocalipsis es la
de la desolación («en el mismo estado que la séptica roca»). La
paz habrá cesado («veréis, tarde o temprano, producirse un gran
cambio») y regresará la guerra, la más atroz de todas («horrores
extremos y venganzas»).

(VI, 81)

Llantos, gritos, lamentos, alaridos, terror,
corazón inhumano, cruel, negro y espantado
Leman, las islas, de Génova los mayores,
sangre derramada, frío, hambre, sin piedad para nadie.

La descripción de la nueva conflagración no necesita mayores
explicaciones. El profeta incluye en la contienda a Suiza («Leman», es decir, Ginebra), las islas del Mediterráneo y Génova,
donde nadie podrá librarse de los horrores de la guerra, del frío,
del hambre y de la masacre.

(III, 98)

Dos hermanos reales guerrearán con tal fiereza
que la guerra entre ellos será mortal,
cada uno ocupará las plazas fuertes
de reino y vida será su gran guerra.

Otra vez dos potencias concentrarán las fuerzas de toda la humanidad. Es muy probable que se trate de Oriente y Occidente. "La guerra entre ellos será mortal". Posiblemente debido a la utilización de armas bacteriológicas y nucleares, el aire del planeta se habrá tornado irrespirable, y los pueblos y los ejércitos deberán mantener su contienda desde lugares especialmente protegidos para la supervivencia («cada uno ocupará las plazas fuertes»). La lucha será mortal, implacable, pues irán en ella no sólo el derecho a la vida, sino también el ansia de poder absoluto («de reino y vida será su gran guerra»).

(III, 84)

La gran ciudad quedará desolada
ni uno solo de sus habitantes podrá vivir en ella,
muro, sexo, templo y virgen violada
por hierro, fuego, peste, cañón al pueblo matará.

La mayoría de los expertos en las centurias del profeta coinciden en que la ciudad a la que se refiere es París que, según Nostradamus, será destruida en el año 3420, aunque su cálculo no es exacto. El mundo, en todo caso, desaparecerá debido a un gran diluvio que convertirá al desierto de Gobi en un gran mar. Pero antes, durante la cuarta guerra mundial, París será atacada de tal manera que se convertirá en una ciudad inhabitable («ni uno solo de sus habitantes podrá vivir en ella»). Caerán los muros y los cañones. El fuego, el saqueo y la peste acabarán con sus habitantes.

(IV, 95)

El reino a dos dejado bien poco quedará en pie
tres años, siete meses durará la guerra
contra las dos vestales se rebelarán,
siempre victoriosa en tierras de América.

La guerra de las dos potencias, encarnada en la figura de las dos vestales - ¿estatuas de la Libertad? ¿Alguna forma representativa de la Democracia? -, será tan feroz que poco quedará en pie del mundo conocido, salvo América, la nueva tierra donde - al igual que en otras profecías pergeñadas por diversos videntes en la historia del mundo - parece existir una esperanza de supervivencia. De este modo habrá terminado la atroz cuarta guerra mundial, cuya duración habrá sido de tres años y siete meses.

LA APARICIÓN DE LA CLAVE DEL DESTINO

Muchos de los exégetas (o intérpretes) de Nostradamus aseguran que buena parte de la obra del profeta está destinada al siglo XX ¿Esto es real u obedece a una imperiosa necesidad de los hombres de nuestro siglo por desvelar su futuro? ¿Acaso no sería factible que un hombre del siglo XVIII realizará la misma aseveración? La siniestra cuarteta parece proponer la respuesta:

(III, 94)

En quinientos años en mayor estima se tendrá
al que fue ornato de su tiempo.
Luego, de pronto, gran claridad dará
que en este siglo los pondrá muy contentos.

Nostradamus señala aquí que ni cuestionamientos ni burlas hicieron mella en su espíritu y que se siente orgulloso de la vida que vivió hasta el momento de escribir esta estrofa, pero que su prestigio será grande quinientos años después, cuando sus profecías puedan aportar la claridad necesaria para el destino a los habitantes de aquella época, que reconocerán sus méritos. Un simple cálculo basta para suponer que el cumplimiento de esta profecía tendrá lugar en el 2055, aproximadamente.

En una carta dirigida a su amigo y protector, el rey francés Enrique II (el mismo al que pronosticó su trágica muerte en un torneo), el profeta subraya la necesidad de oscurecer sus visiones: «Para conservar el secreto de estos acontecimientos, conviene emplear frases y palabras enigmáticas en sí mismas, aunque cada una responda a un significado concreto». Este concepto lo repite en la carta que escribe a su hijo César, desarrollándolo de otro modo. Pero allí da a entender algo más: los presagios y demás textos que han llegado hasta nosotros con sus metáforas y sus enigmas tienen otro texto igual donde las profecías aparecen expresadas claramente, donde están las claves exactas para desentrañar los misterios de su propia obra.

Estos textos secretos no serán visibles a los ojos de los hombres hasta quinientos años después de haber sido escritos. Y un día - es decir, en el 2055 - aparecerán. ¿Cómo? Nostradamus ofrece la respuesta y profetiza el hallazgo:

(I, 27)

Bajo la tierra Guienne por el cielo golpeada,
cerca de allí se esconde el tesoro,
que por largos siglos permaneció secreto,
morirá quien lo halle, el ojo atravesado por resorte.

(VIII, 30)

Dentro de Toulouse, no muy lejos de Beluezer,
abriendo un pozo lejos en el palacio de espectáculos,
tesoro hallado, cada uno irá a contrariar,
y en dos lugares muy cerca del templo (o del castillo).

Guien es traducido habitualmente como Guayana, con lo que la cuarteta se vuelve del todo indescifrable. Esta palabra ha sido de le ha desorientado a los expertos para la resolución del sentida de estrofa. Existe la posibilidad de que el profeta haya disfrazado de este modo el vocablo qui, es decir «muérdago», aludiendo a uno serranía, cubierta de muérdagos, que le resultaba familiar. Pero también es posible que Guien oculte a Guienne, ciudad del sudeste de Francia que no se halla lejos de Toulouse, ni tampoco de St. Remy, donde nació Nostradamus. Por otra parte, existen divergencias respecto de la última línea de la cuarteta VIII, 30, entre lo que él escribe como "l'usacte" y "vasacle", en las diversas ediciones del texto original. Si efectivamente la palabra utilizada por el profeta fuera vasacle, se estaría refiriendo al castillo cercano al puente principal que ostentaba la ciudad de Toulouse en el medievo, también cercano a Guienne, con lo que daría una ubicación geográfica bastante aproximada acerca del lugar donde se halla el tesoro. Estos textos secretos, en el caso de existir, no estarían entonces dentro de la tumba de Nostradamus, cuyos restos descansan en París, en la iglesia de Notre-Dame.

Este tesoro (los textos que contienen las claves del destino de la humanidad) estarían entonces cerca del lugar mencionado («no lejos de allí se esconde el tesoro»), que permaneció oculto a través de los siglos. Al parecer, se halla ubicado en un lugar público («palacio de espectáculos»), es decir, un teatro, un estadio, un mercado, un templo, pero para dar con él es preciso cavar un pozo. Quien lo halle será mortalmente herido. Un mecanismo de seguridad que lo protege («un resorte») le atravesará el ojo y le causará la muerte. La aparición del tesoro ocurrirá en época de guerra, por lo que su desvelamiento producirá desasosiego entre los líderes de los dos bandos en pugna («cada uno irá a contrariar»).

Existe aún otra cuarteta complementaria:

(IX, 9)

Cuando la lámpara ardiente de fuego inextinguible
sea hallada en el templo de las Vestales
niño hallar fuego, agua pasando por la criba,
peligro de agua en Nimes, trastorno en los mercados de Toulouse.

Aquí el profeta nos aporta datos complementarios. El «palacio de espectáculos» al que hizo referencia, es decir, el lugar público, es un templo («el templo de las Vestales»). A este respecto merece recordarse que en Nimes (mencionada por Nostradamus en la cuarta línea de la estrofa) existía un templo dedicado a Diana que era cuidado por vírgenes vestales. Denomina sus textos «llama ardiente de fuego inextinguible» porque el mensaje de sus profecías se extiende por encima del tiempo. Advierte que será un niño quien halle el tesoro - tal vez de modo casual o por efecto de los bombardeos y destrucciones de la guerra que estará en su apogeo - y muera con el ojo atravesado por un mecanismo de seguridad. Si retrocedemos al medievo, el concepto de «criba» puede entenderse como una metáfora de lo que filtra, lo que tamiza. Desde esta perspectiva, «agua pasando por la criba» define muy claramente una presa, un embalse que en ese tiempo probablemente será bombardeada o destruida anegando la ciudad de Nimes mientras estalla la crisis en los mercados de Toulouse.

Pero hasta que aparezcan las claves del destino humano que él mismo perfiló, sólo podemos atenernos a sus herméticas estrofas:

(VI, 61)

El gran tapiz plegado no mostrará
más que a medias la mayor parte de la historia
apartado del reino, lejano, áspero parecerá
que durante la guerra cada uno querrá creerlo.

Las profecías, desplegadas a través del futuro, conforman una suerte de «tapiz» del destino humano. Pero su deliberada oscuridad es similar a la de un tapiz enrollado, por lo que "no mostrará más que a medias la mayor parte de la historia". Después de la muerte del profeta («apartado del reino», de los vivos), lejos del mundo, parecerá desagradable ("áspero parecerá") por sus luctuosos vaticinios, y cada uno de los contendientes de la feroz guerra que se desarrolla querrá creer que los presagios le adjudican la victoria.

Algo cabe agregar respecto al tema del futuro: Nostradamus perfila muchos de los acontecimientos fundamentales de nuestro siglo con claridad asombrosa, como el asesinato de John F. Kennedy, el bombardeo a Pearl Harbour, la Guerra Civil de España, la caída del Sha de Irán, la bomba atómica de Hiroshima y Nagasaki, el fracaso de la cápsula Apolo XIII, la primera y la segunda guerra mundial, la inflación monetaria, el nazismo, la guerra de Vietnam o el Mercado Común Europeo, (posteriormente Comunidad Europea). Y también a sus protagonistas, como Hitler, Mussolini, Nixon, Franco, Juan Pablo I, Gaddaffi, el ayatollah Jomeini, el general De Gaulle, el rey Constantino de Grecia o Henry Kissinger.

LOS PROTAGONISTAS DEL SIGLO

EL REY JUAN CARLOS

(V, 41)

Nacido bajo las sombras del día nocturno
será en reino y bondad soberana,
hará renacer la sangre de sus ancestros
transformando en siglo de oro al de bronce.

Nacido en épocas sombrías, en tiempos tan difíciles en los que hasta la luz del día remitirá («… bajo las sombras del día nocturno»): dramática visión, cargada de poesía, de las difíciles circunstancias por las que atravesaba España en el momento del nacimiento del rey Juan Carlos I, y también cuando comenzó a sobresalir como figura política, haciendo posible la transición de España a la democracia y reinando con una bondad verdaderamente real, enorgulleciendo de este modo a los de su estirpe. El antiguo nombre que lleva («hará renacer la sangre de sus ancestros», es decir, los Borbones) hará que un período opaco en la historia del país se vuelva luminoso y resplandeciente («transformando en siglo de oro el de bronce»), interpretación que no debe evaluarse en el sentido histórico literal, sino como una referencia a lo que ha tenido de positivo, de progresista y de saludable el proceso político español desde el advenimiento de la democracia, en relación a los temores y vaticinios que se acumulaban en todo el mundo (y, por supuesto, también dentro de España) respecto al incierto y probablemente oscuro destino que aguardaría al país tras la muerte de Franco.

Al respecto, existe otra cuarteta que alude a esta fase del proceso español:

(IX, 64)

Paz, unión habrá y cambios
estados, ministerios, lo bajo alto y lo alto muy bajo,
preparar tormentoso viaje al primer fruto,
cesan las guerras, procesos civiles, debates.

¿Es posible encontrar una descripción más transparente del actual proceso democrático por el que atraviesa España? Con la democracia llega la paz y los cambios subsiguientes («paz, unión habrá y cambios»), positivos y negativos pero absolutamente imprescindibles para un proceso radical de transformación. Este cambio involucra las autonomías («estados»), los ministerios (puede referirse tanto al cambio de personas como al cambio de nombres y responsabilidades de las entidades gubernamentales, algunas de las cuales han desaparecido o se han transformado en secretarías, y existen otras que antes no existían). Algunas personas, creencias, entidades - partidos políticos - que se hallaban limitadas pueden expandirse libremente y otras, por el contrario, que se hallaban en su auge, se desploman en el olvido o la inoperancia («lo bajo alto y lo alto bien bajo»).

ADOLF HITLER

(III, 58)

Cerca del Rin, de las montañas Nóricas
un grande nacerá demasiado tarde
defenderá Hungría y Polonia
y nunca se sabrá qué se hizo de él.

Esta cuarteta es verdaderamente asombrosa. Adolf Hitler nació en Austria, en un lugar llamado Noricum, lo cual coincide en modo casi exacto con Noriques, la palabra escrita por el profeta en el siglo XVI. El calificativo de «grande» no es elogioso sino que Nostradamus lo emplea cuando tiene que mencionar a alguien poderoso, celebre, adjetivos que, obviamente, le caben al Führer. La alusión «nacerá demasiado tarde» probablemente se refiera a que la concepción de poderío imperial que alentaba Hitler en sus desatinados sueños, ya no se correspondía con el mundo en el que le tocó nacer, sino que hubieran sido más acordes con el período bárbaro o con el absolutismo. La tercera línea cobra sentido si se la analiza desde un punto demos la subjetivo del líder alemán pues al atacar Polonia y Hungría, él consideraba que las estaba "defendiendo" de los aliados. La cuarta línea es obvia: aún hoy se carece de absoluta certeza que los cuerpos encontrados en su búnker de Berlín fueran el suyo, y el de Eva

Braun, y se sigue especulando con la posibilidad de que hubiese podido huir y perder su rastro definitivamente.

(III, 81)

El gran vociferante audaz, desvergonzado,
será elegido jefe del ejército.
La intrepidez de su comportamiento,
el puente roto, ciudad de miedo pasmada.

El comportamiento político del Führer -cuyos discursos cargados de histeria y resentimiento hallan en esta cuarteta la eficaz definición de «el gran vociferante»-, líder de su ejército y de su pueblo, se reflejan en esta estrofa con agudo perfil: desafiando los acuerdos con los líderes de las demás potencias mundiales, lleva a cabo su plan de expansión («La intrepidez de su comportamiento») e invade Polonia. «El puente roto», si se entiende «puente como el lugar por donde se pasa, puede ser una metáfora del corredor de Danzig. La «ciudad de miedo pasmada» parece ser, naturalmente, una referencia al pueblo polaco.

(II, 24)

Bestias enfurecidas y hambrientas atravesarán los ríos
el campo de batalla estará frente al Hister,
el jefe se trasladará en caja de hierro
cuando el hijo Germano no acate la ley.

Esta estrofa ha sido siempre motivo de enconadas discusiones puesto que la mayoría de los expertos optaron tradicionalmente por describir el vocablo Hister como un anagrama o una palabra aproximativa a Hitler, puesto que es evidente que a él se refiere la cuarteta. Sin embargo, más allá de la similitud fonética, no existe otro elemento que fundamente la hipótesis y, en cambio, resulta mucho más lógico admitir que el profeta se refiera al río Danubio, cuyo nombre latino es Ister. Por lo tanto, es probable que aluda a la invasión de Hungría, criterio reforzado por la dramática descripción de la primera línea («Bestias enfurecidas y hambrientas atravesarán los ríos»), que ilustra acerca de la agresiva expansión alemana por el centro de Europa. El saqueo realizado por las fuerzas alemanas a las ciudades invadidas justifica claramente el calificativo de «hambrientas», es decir, codiciosas. Es probable que la frase «el jefe se trasladará en caja de hierro» aluda a la intensa propaganda desatada por Goebbels, a los films (la caja de hierro que contiene la película o bien el aparato proyector) en los que Hitler arengaba a su ejército y a su pueblo. La cuarta línea es, obviamente, una evidente descripción del Führer:

(IX, 90)

Un capitán de la gran Alemania
vendrá a rendirse por falso socorro
el Rey de Reyes ayudar a Pannonia
y su revuelta hará un río de sangre.

La gran Alemania es, naturalmente, la quimera que perseguía el Tercer Reich. La invasión a Polonia con la excusa de protegerla y ayudarla es lo que Nostradamus describe de modo brillante en la segunda línea («vendrá a rendirse por falso socorro»). La invasión de Hungría (cuyo nombre antiguo era Pannonia) y la guerra desatada por Hitler costó a la civilización millones de víctimas, el atroz «río de sangre» con que concluye la cuarteta.

(VIII, 15)

Grandes ejércitos avanzan hacia el Norte
para vejar a Europa y al universo,
las dos iglesias pondrá en tal aprieto
y a los pannonios redoblará vida y muerte.

La expansión de Alemania y el sueño de dominio nazi son, con certeza, los objetivos que el profeta describe en las dos primeras líneas de la cuarteta. La ideología atea del Tercer Reich y su obsesión por anacrónicas teorías raciales que convergieron en el holocausto de millones de judíos en los campos de exterminio (como vemos en la cuarteta (V,16), cuando dice "...de carne humana por muerte en cenizas poner..."), posiblemente sea el tema al que alude en la tercera línea: las dos iglesias puestas en aprietos serían la religión hebrea, ferozmente perseguida, y la católica, que se vio en la disyuntiva de enfrentarse a Hitler y correr el riesgo de ser destruida, o callar y tratar de negociar. La cuarta línea vuelve a hacer referencia a la masacre desatada por el ejército alemán en la invasión a Hungría.

(VI, 49)

En la fiesta de Mammer, gran pontífice
subyugará los confines del Danubio:
las cruces perseguidas por hierros, por dobleces,
cautivos, oro, anillos, más de cien mil rubíes...

Mammer es el nombre que los sabinos daban a Marte, el dios de la guerra, por lo que el sentido de la primera línea es «en la exaltación de la guerra, el gran pontífice subyugará a los confines del Danubio». Por los confines del Danubio puede entenderse a la próxima Alemania o también a Austria, país en el que nació Hitler. La mención «gran pontífice» puede aplicarse por jefe, líder, o también puede ser una referencia al pontífice del Vaticano, el papa Pío XII, que fue duramente criticado por su posición frente a Hitler. En la cuarta línea de la estrofa («cautivos, oro, anillos, más de cien mil rubies») alude tanto al saqueo que los alemanes realizaban con las víctimas, como al precio altísimo que pagaban para salvarse de morir los judíos que disponían de bienes, a fin de ser sacados de Alemania. La tercera línea de la estrofa contiene una doble opción interna verdaderamente subyugante: «raffe ne riffe» es un juego de palabras sin traducción literal en castellano. «Hierros y dobleces» es una traducción aproximada por cuanto puede significar dobleces en el sentido de pillaje, de artilugio, de trampa, pero proviene de un comportamiento que no es honrado, que no es recto, que es torcido. «Hierros y torceduras» resultaría, tal vez, una traducción más exacta. Ahora bien, los hierros y las torceduras se refieren a las cruces. ¿Qué otra cruz de hierro con torceduras, con dobleces en sus extremos, existe que no sea la esvástica, el símbolo del Tercer Reich?

(IV, 40)

La fortaleza de los sitiados acosada
por polvo de fuego precipitados en el abismo,
el traidor será enterrado vivo
nunca entre los alemanes se vio tan terrible cisma.

El búnker en el que Hitler y sus seguidores se protegían en Berlín fue acosado por las fuerzas aliadas («La fortaleza de los sitiados acosada»), y el bombardeo a que se vio sometida la ciudad los forzó a tomar decisiones trágicas («por polvo de fuego precipitados en el abismo»). Los insensatos sueños de gloria y poderío al precio de millares de vidas humanas se desplomaron junto con la parafernalia del régimen. En la soledad, atrapado como una rata en su búnker, a Hitler sólo le quedó la posibilidad del suicidio («el traidor será enterrado vivo»). Por lo que, se pegó un tiro dos días después de la ejecución de Mussolini. La terrible guerra terminaría con Alemania dividida por el muro de Berlín.

Con su muerte terminó un período negro en la historia de la Humanidad, pero nació una profunda objeción de conciencia para el pueblo alemán, que debió asumir la responsabilidad de haber permitido y alentado tan atroces excesos («nunca entre los alemanes se vio tan terrible cisma»).

CHARLES DE GAULLE

(III, 100)

El último de entre los galos honrado
será victorioso sobre su enemigo.
Fuerza y territorio explorará al momento
cuando el envidioso muera de un disparo.

Esta estrofa es tradicionalmente aplicada a la figura del general De Gaulle y a la participación que le cupo en la segunda guerra mundial para destruir a Hitler y a su ejército («será victorioso sobre su enemigo»). La tercera línea parece describir la expansión que alcanzó Francia durante su mandato; y la cuarta es muy posible que se refiera al asesinato del almirante Darlan, ocurrido en diciembre de 1942.

(IV, 21)

El cambio resultará muy difícil,
la ciudad y la provincia ganarán con ello
corazón noble, prudente depuesto, echado el hábil,
por mar y tierra el pueblo cambiará su estado.

Se considera que las dos primeras líneas de esta cuarteta corresponden al momento histórico en que Francia, en 1940, asiste al proceso de descentralización ordenado por el mariscal Pétain, que otorga una mayor autonomía a las regiones («la ciudad y la provincia ganarán con ello») aunque el beneficio fuese discutible, puesto que el país se hallaba en manos de los nazis. El general De Gaulle («corazón noble, prudente...») se vio obligado a salir de Francia en dirección a Inglaterra («depuesto, echado el hábil»). Es muy posible que la cuarta línea se refiera a la participación que tuvo el pueblo y el ejército francés en su liberación.

BENITO MUSSOLINI

(VIII, 31)

Primer gran fruto del príncipe de Pescheria
pero luego vendrá un ser cruel y maligno
que en Venecia perderá su orgullosa gloria,
y lanzado al infierno por el joven Selín.

(VIII, 33)

El grande nacerá de Verona y Vincenza
y llevará un sobrenombre indigno,
en Venecia querrá tomar venganza,
tomado a sí mismo por quien lo observa y lo signa.

Uno de los actos más notables del reinado de Víctor Manuel
Ill consistió en que el rey se puso al mando de su propio ejército
en Pescara (Pescheria), rechazó la oferta de rendición y peleó
junto a sus hombres. La identificación del rey como príncipe
de Pescheria (Pescara) resulta, pues, lógica. El monarca fue uno
de los primeros objetivos de la revuelta fascista mandada por
Mussolini («Primer gran fruto»), que le sustituyó en el poder
(«luego vendré un ser cruel y maligno»). Mussolini perdió su
gloria en Venecia, tal como lo describe la tercera línea. En la

cuarta línea reaparece uno de los enigmas más profundos de toda la obra de Nostradamus: Selín. Ocasionalmente se traduce esta palabra como una metáfora de la ciudad de Nueva York, y también como Francia, aunque no es descartable que Selín derive de Selene, la luna. Salvo que se refiera a que la muerte de Mussolini (o su muerte simbólica) sobrevino durante las horas tempranas de la noche (cuando la luna es «joven»), el sentido de esta cuarta línea permanece oculto.

En la cuarteta siguiente, Mussolini reaparece ya en la primera línea, pues nació en el norte de Italia, en una zona comprendida entre Verona y Vincenza («El grande nacerá...»). En su sentido literal, el apellido «Mussolini» podría significar el que hace musulmanes» («llevará un sobrenombre indigno»). Tal como lo profetizó en la tercera línea de esta cuarteta, el Duce, airado, juró tomar venganza en Venecia contra aquellas potencias que se oponían a su sueño unificador del Mare Nostrum, el Mediterráneo. Es muy posible que la cuarta línea («tomado a si mismo por quien lo observa y lo signa») se refiera a Adolf Hitler, que fue el inspirador de Mussolini y también el causante indirecto de su caída.

(I, 100)

Por largo tiempo en el cielo se verá un pájaro gris
cerca de Dole y tierras de Toscana,
llevando una verde rama florecida en el pico,
morirá pronto el grande y acabará la guerra.

Dole queda cerca de Venecia, ciudad clave en las cuartetas dedicadas al Duce. El pájaro gris recortado sobre el cielo que puede verse por largo tiempo, parece ser una metáfora de las formaciones aéreas aliadas cuya presencia aportaba la esperanza de la paz cercana («llevando una verde rama florecida en el pico», como la paloma de la paz). La cuarta línea describe la realidad: la muerte de Mussolini y el fin de la guerra.

(VI, 31)

El rey hallará lo que tanto deseaba,
cuando el Prelado sea mal interpretado:
la respuesta del Duce le sabrá muy mal
que en Milán llevará a varios a la muerte.

Si se considera que el Prelado es una metáfora de la iglesia Católica del Vaticano, la segunda y tercera línea de la cuarteta no ofrecen dificultad alguna, puesto que las arbitrarias actitudes del Duce tuvieron que ser soportadas por Pío XII ("la respuesta del Duce le sabrá muy mal") quien, junto con el Vaticano, se vio obligado a permanecer sometido y limitado en la hostil Italia del fascismo ("cuando el Prelado sea mal interpretado"). La ejecución de Ciano y sus compañeros posiblemente sea la referencia aludida en la cuarta línea, puesto que sucedió en Milán y, en un sentido general, el deseo que finalmente halló convertido en realidad el rey de Italia, históricamente hablando, o sea la caída de Mussolini y el fascismo.

LOS KENNEDY

(VIII, 17)

Los que más posean serán desposeídos
por los tres hermanos el mundo tendrá problemas,
sus enemigos asediarán una ciudad marina,
hambre, fuego, sangre, peste y de todos los males el doble.

Si se admite la posibilidad que los tres hermanos a los que se cita en la segunda línea sean los Kennedy - John, Robert y Edward - lógico entender el sentido general de la segunda línea en relación con la primera: debido a sus ideales democráticos, a su defensa de los grupos sociales marginados en detrimento de los que más poseen, América sufrirá una gran conmoción y toda una visión de la realidad deberá ser modificada (tal como ocurrió con la era Kennedy, que terminó generando un barbarismo - Kennedismo – para definir una postura ideológica no radical, moderada, de principios básicamente altruistas), por lo que «el mundo tendrá problemas». La ciudad asediada a la que se refiere la tercera línea tal vez sea una isla, la de Formosa - potenciada por los nacionalistas que acosaban al presidente Kennedy a que defendiera lo que sostenían eran sus derechos-, o bien Cuba, cuya fallida invasión a la Bahía de Cochinos por parte de los exiliados cubanos Kennedy propició. Si así fuera, la primera parte de la cuarta línea describiría las acciones bélicas que tuvieron lugar durante la intentona, y, la segunda parte («el doble de todos los males»), las trágicas consecuencias que la invasión produjo en la política internacional y la agudización de la crisis en las relaciones entre Cuba y los Estados Unidos. Sin embargo, no debería descartarse la posibilidad de que la última línea fuera un presagio destinado a describir la realidad que puede llegar a enfrentar el senador Edward Kennedy en el caso de que sea electo presidente de los Estados Unidos.

(IX, 36)

Un gran Rey atrapado entre las manos de un Joven
no lejos de Pascua confusión, cuchillada,
cautivos perpetuos, tiempo del rayo en lo alto
cuando tres hermanos sean heridos y asesinados.

Quienes interpretan a Nostradamus coinciden en identificar la presencia de estos tres hermanos que aparecen en diversos momentos de las profecías como John, Robert y Edward Kennedy, y resulta lógico puesto que no existe otro caso similar de tres grandes figuras alrededor del poder que se hallen vinculadas por tal lazo sanguíneo. Desde este punto de vista, la primera línea de la cuarteta resulta transparente puesto que Lee Harvey Oswald, el presunto asesino de John F. Kennedy, era un hombre joven («un gran rey atrapado entre las manos de un joven»). Si se comprende «no lejos de Pascua» como «no lejos de la fiesta religiosa», Pascua puede ser una figura metafórica de Navidad. Se trata sin duda de un vaticinio del asesinato de John F. Kennedy, ocurrido el 22 de noviembre, es decir, no lejos, a un mes de distancia de Navidad. La confusión a la que alude fue la producida por el atentado, y la cuchillada puede ser interpretada como "agresión, ataque". Pero si se respeta el sentido literal de la segunda línea, "no lejos de Pascua" quiere decir en abril. Como ya se dijo, John murió el 22 de noviembre, y Robert el 6 de junio, por lo que significaría que Edward sería asesinado en abril. El rayo en lo alto de la tercera línea podría referirse al disparo que, desde lo alto de un edificio de Dallas, se efectuó contra el presidente Kennedy. La última línea profetiza para Edward Kennedy un destino tan trágico como el de sus hermanos.

(IV, 14)

La muerte súbita del principal personaje
provocará cambios y otro será puesto en su lugar
pronto, llegado tarde a tan alta posición
por tierra y mar será preciso que se le tema.

Esta cuarteta describe el acceso a la presidencia de John F. Kennedy tras el gobierno de Eisenhower, considerando que la cuarta línea es una clara referencia a la fallida invasión a Cuba en Bahía de Cochinos. Sin embargo, la primera línea parece indicar que la cuarteta alude al período inmediatamente posterior: con el asesinato en Dallas («muerte súbita») del presidente Kennedy («el principal personaje), Lyndon Johnson ocupa su lugar, al que se le toma juramento poco después de la muerte de su antecesor («provocará cambios y otro será puesto en su lugar»). Johnson, de edad avanzada, fue un político de larga trayectoria que probablemente nunca hubiera podido coronar si no hubiese sido por la tragedia de Dallas («llegado tarde a tan alta posición.). La última línea de la estrofa bien puede aludir a la guerra del Vietnam desatada por el gobierno de Estados Unidos aun en contra de la opinión de la mayoría del pueblo que representaba. Como se recordará, el presidente Johnson lanzó a su país a la guerra contra Vietnam a raíz del incidente del golfo de Tonkín que, tiempo después, despertó sospechas y parece estar confirmado que el propio gobierno norteamericano lo montó para hallar una excusa y poder atacar a los vietnamitas. La guerra de

Vietnam estremeció de horror al mundo a finales de la década de los sesenta («por tierra y mar será preciso que se le tema»).

(I, 26)

El grande será derribado por un rayo durante el día.
Un maligno portador imaginó el daño:
el próximo presagio anuncia caída nocturna
conflictos en Roma y Londres; pestilencia en la Toscana.

Las tres primeras líneas de la cuarteta son una radiografía asombrosa de la suerte corrida por los dos hermanos Kennedy que fueron asesinados. Uno o más disparos acabaron en Dallas con la vida del presidente Kennedy en un día soleado, el 22 de noviembre de 1963 («el grande será derribado por un rayo durante el día»). Naturalmente, quien o quienes le asesinaron planearon su muerte y conocían el resultado de su acción («un maligno portador imaginó el daño»), aun cuando «imaginó el daño» pudiera referirse al móvil político del asesinato, es decir, con el fin de obtener determinados fines políticos, lo cual confirmaría la sospecha de una conspiración en la tragedia de Dallas. Robert Kennedy fue asesinado el 5 de junio de 1968, durante la noche («el próximo presagio anuncia la caída nocturna»). La cuarta línea no parece tener una vinculación directa con las anteriores, aun cuando esto no es válido en la obra del profeta por cuanto las estrofas completas describen siempre una situación, por lo que los expertos tienden a suponer que alude a la conmoción que podría causar en el resto del mundo la muerte de los Kennedy.

Repasando la cronología, vemos que el presidente John Kennedy fue herido de muerte poco después de las doce del mediodía del 22 de noviembre de 1963 en Dallas, Texas. El senador Robert Kennedy fue asesinado pocos minutos después de la una de la madrugada, cuando acababa de pronunciar un discurso con motivo de su victoria en las elecciones primarias de California durante la campaña de las elecciones presidenciales de 1968. Jean Dixon, una de las destacadas profetisas de la era moderna, se granjeó la notoriedad internacional al predecir en 1956 el asesinato de JFK. Nostradamus predijo el intento infructuoso que Dixon hizo de advertir al presidente y, más adelante, al senador Kennedy, que era amigo de profetisa. El último verso data el asesinato de RFK por medio de acontecimientos que ocurrían más o menos en aquel entonces: disturbios estudiantiles en Francia e Inglaterra durante 1968-1969 y las inundaciones de Florencia en 1966, cuando las autoridades temieron brotes de peste en Toscana a causa del desastre.

Kennedy fue la persona más joven elegida para la presidencia en la historia de los Estados Unidos. Su forma magistral de llevar la crisis de los misiles de Cuba en 1962 hizo que la Unión Soviética le temiera por tierra y por mar, Nostradamus da a entender que si Kennedy hubiese salido vivo del atentado y hubiese llegado al final de su presidencia, habría sido uno de los líderes más grandes de nuestro siglo.

Hoy en día, pocos creen ahora que Oswald fuese el asesino, pero, según Nostradamus, quien mató a Kennedy fue visto por un solo testigo: «El espíritu de uno solo le vendrá a testimoniar».

La endeble explicación que dio la investigación Warren no hizo más que reforzar los rumores que hablaban de una conspiración triple para asesinar al presidente Kennedy en la que estaban envueltos la Mafia, ciudadanos cubanos y el FBI. Nostradamus da a entender claramente en esta cuarteta que hay un hombre, que quizá viva todavía, que dará testimonio de la verdadera versión de estos famosos acontecimientos.

Desde luego, hace cientos de años Nostradamus ya conocía los hechos que se descubrieron en relación con la tercera bala, pues escribió:

(VI, 37).

"La antigua tarea será ejecutada,
y de la azotea maligna ruina caerá sobre el gran hombre.
Estando muerto acusan a un inocente del hecho:
el culpable está escondido en los busques neblinosos"

Tanto John como Robert Kennedy habían declarado la guerra al jefe de la Mafia, Sam Giancanna, y a su brazo derecho, Jimmy Hoffa, uno de los jefes sindicales más poderosos de Norteamérica. Robert Kennedy, que desempeñaba el cargo de ministro de justicia en la administración de su hermano, había dicho que el imperio delictivo de Sam Giancanna era el blanco número uno de su guerra contra la delincuencia. Hizo encarcelar a Jimmy Hoffa por extorsión. Después del juicio se le oyó decir a Hofla «alguien necesita cargarse a ese hijo de perra...», refiriéndose a Robert Kennedy.

Puede que la Mafia, que tenía muchos vínculos con Cuba, ayudara a agentes de Fidel Castro a asesinar al presidente, respondiendo así a los planes de la CIA para asesinar a Castro. El jefe del FBI, J. Edgar Hoover, simpatizaba poco con su jefe, el ministro de justicia Robert Kennedy, y cabe que ayudara a encubrir el asesinato.

Los testigos que oyeron pasar la tercera bala, procedente de detrás que del montículo herboso, declararon en un segundo interrogatorio que agentes del FBI les amenazaron con represalias si hablaban de la tercera bala durante las investigaciones de la comisión Warren.

Está claro que Lee Harvey Oswald tenía que ver con Jack Ruby y los cubanos, pero sigue habiendo dudas sobre si realmente disparó contra Kennedy. Se llevó a cabo una prueba con un detector de mentiras durante una entrevista grabada para la prensa. Según esa prueba, Oswald no mentía al decir que no había matado al presidente.

Jack Ruby era un conocido mafioso controlado por Giancanna. El «trabajo antiguo llevado a cabo» da a entender que Ruby mató a Oswald por orden de la Cosa Nostra y del antiguo código de honor que obliga a prestar servicios a cambio de favores concedidos por el padrino mafioso de Ruby.

Nostradamus dice: «acusan a un inocente del hecho». Quizá se refiere a Oswald. En cuanto al verdadero asesino de Kennedy, dice: "El culpable está escondido en los bosques neblinosos". Existe una fotografía borrosa en la que se ve a un hombre bajo los árboles del montículo herboso, agazapado sobre la pared con un objeto metálico largo. Quizá sea la imagen que el profeta llama «neblinosa».

El mismo clima de conspiración rodea la muerte de Robert Kennedy, el hombre que Hoffa juró que había que matar. En el arma de Sirhan Sirhan sólo cabían ocho balas. Se dispararon diez. El tiro fatal entró por detrás de la oreja derecha de Kennedy y fue disparado desde unos dice centímetros. Sirhan Sirhan se encontraba a una distancia de entre medio metro, y, cuatro metros y pico de Robert Kennedy cuando disparó.

La madre del asesino declaró que su hijo se relacionaba con unos desconocidos que a ella no le parecían bien desde, como mínimo, ocho meses antes del atentado. ¿Quiénes eran? En ambos casos los perpetradores de la supuesta conspiración, Hoffa y Giancanna, han muerto; del primero se supone que fue asesinado al salir de la cárcel, el segundo fue muerto a tiros en Nueva York.

Como ya remarcamos anteriormente, en esta cuarteta encontramos datos interesantes:

(IV, 49)

Ante el pueblo se verterá la sangre,
que de lo alto del cielo no vendrá alejar.
Pero por largo tiempo no será escuchado,
el espíritu de uno solo le vendrá a testimoniar

Por otra parte, en el día en que el cadáver del presidente Kennedy se hallaba expuesto en el Capitolio, un mafioso llamado Jack Ruby mató a Oswald en Dallas. Poco después, el jefe de la brigada de homicidios de la ciudad declaró que el caso del asesinato de Kennedy quedaba cerrado.

Dieciocho testigos del asesinato del presidente murieron en el plazo de tres años a partir del suceso: seis a tiros, tres en accidentes de automóvil, dos por suicidio (uno haciéndose degollar y el otro con un golpe de kárate en la garganta), tres a causa de ataques cardíacos y sólo uno por motivos libres de sospecha.

Finalmente, decir que el periódico Sunday Times de Londres realizó un estudio de probabilidades acerca de esta extraña serie de muertes Los artículos del periódico, afirmaban que las probabilidades de que la muerte de tantos testigos de un crimen fuese coincidencia, era de una entre mil trillones.

EL CRASH DE LA BOLSA

(VIII, 28)

Los simulacros de oro y plata hinchados,
que tras la violación al fuego furioso arrojados, al descubierto
cansados todos y turbados,
en el mármol escritos, prescritos arrojados.

¿Papel moneda en el siglo XVI? He aquí una profecía que se ha cumplido (la crisis bursátil de 1929) y que posiblemente volverá a cumplirse en un futuro próximo (bajo la forma de un ajuste de cuentas en que el déficit comercial del mundo no pueda controlarse).

El concepto del papel moneda era desconocido en tiempos del profeta, lo cual hace que la descripción del dinero «simulando» el oro y la plata sea muy acertada.

Con la espiral inflacionaria, la concesión de créditos para más créditos, la impresión de papel moneda sin oro ni plata que lo respalde de forma apropiada, puede que el papel moneda no valga lo que la leña que se use para quemarlo. El déficit comercial mundial podría ser la «violación» del segundo verso.

LA BICICLETA Y EL COCHE

(IX, 27)

La guardia del bosque será un puente redondo de viento cerrado
el recibido en alto golpeará al delfín
la vieja esfera bosques unidos pasará
cruzando más allá del guía el derecho confín.

¿Viento cerrado redondo? Esta metáfora, que alguna vez se intentó vincular con la huida del rey Luis XVIII de Francia, se mantuvo hermética hasta que se admitió la posibilidad de que se tratase de una precaria descripción de una rueda. Efectivamente, si se acepta que bosques por extensión puede ser «maderas, palos, varillas», la clave parece menos oscura pues un puente redondo de viento cerrado es una certera definición de un neumático que guarda, que protege al bosque, es decir a las varillas que conforman la estructura de la rueda. El golpe recibido desde lo alto puede ser el impulso que da el pie al pedal para poner en movimiento la rueda (en el caso de la bicicleta) o el que proporciona a los ejes el motor del coche. Teccon, la palabra que aparece en la tercera línea es el nombre de un antiguo juego medieval que requerirá la utilización de una pelota, una esfera, que es un símbolo del movimiento. El impulso dado, entonces, moverá la esfera (el vehículo) con los bosques (ruedas) que estarán unidos entre sí, pasando (dos de ellas en el caso del coche) antes que el guía, el conductor.

entre sí, pasando (dos de ellas en el caso del coche) antes que el guía, el conductor.

INVENCIÓN DE LA RADIO, Y USO DE LA ELECTRICIDAD

(III, 44)

Cuando el animal sea domado por el hombre, tras magnos esfuerzos y dificultades empezará a hablar.
El rayo que tan grande daño causará a la vara
será apartado de la tierra y suspendido en el aire.

En esta cuarteta, vemos cómo Nostradamus describe los asombrosos inventos del siglo XX, como la radio y el aprovechamiento de la electricidad. Pues, para él la voz incorpórea de la humanidad en las ondas del aire es un animal domado.

LA GUERRA CIVIL ESPAÑOLA (1936-1939)

(I, 31)

Durarán tantos años las guerras en las Galias,
más allá del camino de Castulón monarca:
victoria incierta tres grandes coronarán,
Águila, Gallo, Luna, León, el sol en su lugar.

Castulon o Castalon es una referencia a un antiguo poblado ibérico, una metáfora geográfica para localizar la cuarteta en España.

La estrofa augura un largo período de guerra en Francia (Galia) que tendrá lugar después («más allá») del proceso («el camino») del rey de España («Castulon monarca»), es decir, las guerras en Francia tendrán lugar cuando se haya cumplido el destino del rey español. La caída de la monarquía española tuvo lugar en 1931, con el advenimiento de la Segunda República. Efectivamente, en 1939 comenzaron las largas guerras que tuvieron a Francia como campo de operaciones. Los tres grandes que obtuvieron en ella una «incierta victoria» fueron los Estados Unidos («águila», tal como figura en su escudo, animal que lo identifica), Francia (cuyo símbolo es el gallo) e Inglaterra (que habitualmente se simboliza con un león). Esta segunda guerra mundial concluyó con la capitulación de los japoneses, el día 12 de agosto, cuando Leo estaba en la Casa del Sol («sol en su lugar).

El vaticinio acerca del dramático proceso que habría de vivir España en el presente siglo fue realizado por Nostradamus, como se ve, a partir de la caída de la monarquía y el ascenso de la Segunda República. La relación entre el destino de España y el destino del mundo, entre los conflictos internos españoles y una guerra mundial reaparece en otra estrofa:

(X, 48)

Desde lo más profundo de España enseña
saliendo del término y los confines de Europa
tumultos pasando tras el puerto de Laigne
será derrotado por banda su gran tropa.

Desde lo más hondo de España surge el enfrentamiento de los hombres entre sí (la guerra civil), que supera los límites nacionales e incluso continentales («saliendo del término y los confines de Europa») para involucrar rápidamente a otras naciones (la segunda guerra mundial). Laigne es una ciudad cercana a Dijon que fue ocupada por las fuerzas alemanas («tumultos pasando tras el puerto de Laigne»). La última línea augura el desenlace de la guerra: las fuerzas que ocuparon Laigne (los alemanes) será derrotado por banda por las fuerzas aliadas y su gran tropa será aniquilada.

Existe otra estrofa perfilada por el profeta en la que el vaticinio sobre el proceso histórico de España alcanza niveles alucinantes, pues llega a incluir nombres que han tenido un gran significado en el país. Si se tiene en cuenta que estas líneas fueron escritas hace casi quinientos años, el augurio raya lo asombroso:

(IX, 16)

Del castillo Franco saldrá la asamblea
el embajador no grato hará cisma:
los de Ribiera participarán en la pelea
y del gran abismo negarán la entrada.

Por más pertinaz y escéptica que pueda resultar la mirada que se lance sobre esta cuarteta ¿puede pensarse que se trata de una especialísima casualidad que en una misma estrofa Nostradamus mencione a Franco y a Rivera (¿Ribiere?) Acaso porque tal casualidad es literalmente imposible, esta propuesta del profeta ha sido interpretada en el siglo actual siempre del mismo modo, es decir, refiriéndose a la vinculación existente entre los dos personajes mencionados, a lo que debe agregarse, por supuesto, que castel, que se traduce «castillo» perfectamente podría ser una paráfrasis de «Castilla», con lo que la cuarteta cobraría aún más sentido. La última línea, por otra parte, describe el permiso denegado a Franco para atravesar el estrecho de Gibraltar (goulphre, gran abismo) antes de que se desatara la guerra civil.

(III, 8)

Los cimbrios junto con sus vecinos
vendrán a despoblar España
gentes unidas, guyenos, lemosinos,
estarán juntos y formarán compañía.

Los cimbrios o cimbros simbolizan a los teutones, es decir los alemanes, por cuanto formaban una tribu del norte de Alemania, y un siglo antes de Cristo se integraron a los teutones, quienes los dominaron. Guyenos y limosinos son dos menciones comarcales de franceses de sus respectivas zonas y, de acuerdo con el estilo de Nostradamus de aludir al todo por una de sus partes, puede entenderse como los franceses en general. Con estos elementos, el desciframiento de la estrofa es el siguiente: los alemanes, junto con as vecinos (los italianos), atacarán España, matarán españoles (vendrán a despoblar España»), en una posible alusión a la tristemente célebre Legión Cóndor, y sobre todo al apoyo que los dictadores Hitler y Mussolini prestaron a Franco. Pero la gente unida lo ge tienen conciencia social, los solidarios) estarán juntos (lo que constituye una clara alusión a la formación de las Brigadas Internacionales) y constituirán compañía. Estas dos últimas líneas también podrían establecer un vaticinio de lo ocurrido en 1938, después del desastre de Teruel, cuando se inició el exilio de españoles hacia Francia, es decir, cuando españoles y franceses estuvieron unidos.

(II, 39)

Un año antes del conflicto italiano
alemanes, franceses, españoles por el fuerte
será revuelta la casa de la república
donde pronto, excluidos, se los sofocará a muerte.

Un año antes que Italia participase en el conflicto (Italia se vio envuelta en la segunda guerra mundial a partir del 10 de junio de 1940, es decir, que esta cuarteta sitúa la acción en 1939) quedaría definida la guerra civil en España, pues tanto alemanes (de parte de los nacionales) como franceses (que apoyaban a los republicanos) podrán ver cómo el fuerte de España (en este caso puede interpretarse como el hombre fuerte, el más fuerte, el más importante, esto es obviamente, Francisco Franco) vencerá a los republicanos («será revuelta la casa de la república»). En dicha casa (la casa de los republicanos, es decir, España) pronto se podrá ver (tal como ocurrió en 1939) a los republicanos excluidos del poder y sofocados a muerte, reprimidos.

Nostradamus no sólo logró definir de un modo asombroso el resultado de la confrontación, sino que incluso llegó a analizar aspectos parciales del conflicto, de acuerdo con las interpretaciones que posteriormente pudieron realizarse de sus estrofas:

(III, 19)

En Luques sangre y leche lloverá
un poco antes del cambio de gobernador:
gran peste y guerra, hambre y sed se verá
lejos, donde morirá el Príncipe rector.

Luques es una referencia medieval a Asturias. Sangre y leche son dos elementos opuestos, en el sentido de que uno se refiere a la tragedia, y por lo tanto a la muerte, y el otro a alimento, es decir, a vida. Muerte y vida o guerra y paz. Hacia fines de 1934 se produjo un alzamiento de origen marxista, un año después que hubiera triunfado José María Gil Robles, de tendencia moderada. El profeta lo describe al señalar que en Asturias («Luques») habrá alternativamente guerra y paz, es decir conflictos ("sangre y empezará a llover") después del ascenso de Gil Robles. Poco después estalló la guerra civil, seguida por la segunda guerra mundial ("gran peste y guerra, hambre y sed se verá"), en cuyo transcurso murió en el exilio Alfonso XIII ("lejos morirá el Príncipe recto").

(III, 38)

La gente gálica y la nación extranjera
más allá de los montes, muertos, presos y afligidos.
al menos contrario y próximo a la vendimia
por los señores firmado el acuerdo.

En el mes próximo a la vendimia de 1938, es decir septiembre, las Brigadas Internacionales sufrieron enormes pérdidas que, de algún modo, definieron la conflagración ("más allá de los montes, muertos, presos y afligidos", entendiendo los montes como Pirineos que, desde la perspectiva de un francés como Nostradamus, se refería obligatoriamente a España). La gente gálica, y la nación extranjera, puede entenderse claramente como los españoles y franceses, que luchaban juntos en España en las Brigadas Internacionales. En aquel mismo mes de septiembre de 1938, los señores del mundo, los amos, renovaron los acuerdos de Múnich. Efectivamente, Hitler, Mussolini, Chamberlain y Daladier comprometían gravemente el destino de Francia e Inglaterra, admitiendo a Hitler como árbitro de la paz europea ("por los señores firmado el acuerdo").

(III, 68)

Pueblos sin jefes de España y de Italia
muertos distribuidos por la Península
su mano traiciona por locura pasajera
la sangre corre todo a lo largo.

Esta estrofa bien podría referirse a una dramática descripción de España e Italia en la cuarta década del siglo, pues alude a dos países cuyos monarcas han sido destronados («pueblos sin jefes») y dos dictadores tomaron sus respectivos lugares. La segunda línea parece indicar que en tales circunstancias se expandirá la muerte por Italia («muertos distribuidos por la Península») debido a la segunda guerra mundial. Las dos últimas líneas componen una esclarecedora anticipación del final de Mussolini, con la traición que posibilitó su apresamiento y muerte («la sangre corre todo a lo largo»).

EL DESCUBRIMIENTO
DE LA FOTOGRAFÍA Y EL CINE

Por las centurias IV, 31, y, IV, 32, vemos que:

La luna, en el medio de la noche sobre la alta montaña,
el joven sabio a solas con su mente lo ha visto.
Sus discípulos quisieran que fuese inmortal,
ojos hacia el sur, manos en el pecho, cuerpo al fuego.

En aquellos lugares y tiempos el pez sustituirá a la carne
la ley común se aplicará al contrario,
el viejo se mantendrá hasta que lo saquen de en medio
la Pánta Chiona philòn quedará muy atrás.

En el original, en la primera línea, "au plain de nuict" significa «en medio de la noche» pero también, más literalmente, «en el plano de la noche», del mismo modo que, en la segunda línea, "un seul cerveau", que ha sido traducida con el sentido lógico de «a solas con su cerebro», literalmente sería «con un solo cerebro». Así, la lectura de la primera estrofa podría ser: la luz, el haz de luz («la luna») se refleja sobre una superficie plana y oscura («en el plano de la noche») es decir en la cámara oscura de la máquina fotográfica que se halla colocada sobre un trípode («sobre la alta montaña»). Quien lo inventa, el inventor, el descubridor («el nuevo sabio») es quien lo ha visto con su solo cerebro, que podría ser una metáfora de un solo ojo, es decir la lente única de la cámara («a solas con su mente lo ha visto») puesto que es con el ojo con lo que se ve. Tras el descubrimiento, los seguidores irán perfeccionando el rudimentario descubrimiento («sus discípulos quisieran que fuese inmortal») hasta llegar a la perfección de la fotografía en la actualidad, en la que el fotógrafo sólo necesita disparar su cámara tras haber enfocado. La estrofa describe la situación al referir cómo el fotógrafo mira por el visor («ojos hacia el sur») y manipula la cámara que se halla sobre el trípode («manos en el pecho», es decir a la altura del pecho) y dispara sobre el objeto sometido al foco («cuerpo al fuego», es decir expuesto a la luminosidad). La evolución de la nueva técnica —anuncia Nostradamus- llegará a tales niveles en el futuro que por ella se podrán realizar trucos y sustituciones sin que nadie lo advierta, merced a las posibilidades del montaje («en aquellos lugares y tiempos el pez sustituirá a la carne»). La imagen de lo tangible, de lo visible, el objeto, se reproducirá invertida dentro de la cámara oscura, alternando todo lo conocido hasta entonces («la ley común se aplicará al contrario») y el proceso eliminará al viejo estrato de emulsión que fue indispensable en la primera fase («el viejo se mantendrá hasta que lo saquen de en medio»).

Respecto a la última línea de la segunda cuarteta analizada, se hace imprescindible efectuar un pequeño paréntesis: Filón era un filósofo neoplatónico que vivía en Alejandría en el siglo I. Escribió un tratado de filosofía llamado "Panta koiná", que en griego quiere decir «todo en común». De acuerdo con su hipótesis, todos los elementos que conforman la vida - es decir el agua, el fuego, el aire, la tierra - poseen naturalezas comunes debido a que su origen es común, y por lo tanto tienen la propiedad de transformase los unos en los otros. La referencia que hace Nostradamus respecto al filósofo griego («la Pánta chiona Filón quedará muy atrás») admite dos interpretaciones posibles: una de ellas es que no sólo estos cuatro elementos sino muchos otros que el griego no mencionó serán idénticos entre sí, podrán ser transformables los unos en los otros debido a que la fotografía los iguala en la imagen. La otra interpretación es que Filón sólo vio como elementos comunes su origen y su naturaleza y no llegó a advertir que también es idéntica su representación, que fuego, aire, agua, tierra y los demás elementos que conforman la vida son idénticos en la medida en que pueden convertirse en una imagen, tienen en común la propiedad de ser atrapados por la imagen y ser reproducidos por ella.

(L, 10)

Serpientes transmitidas en la caja de hierro
donde los siete hijos del Rey se hallan presos
los ancianos y padres regresarán del infierno
antes de morir ver el fruto muerto y gritar.

La película cinematográfica se halla enrollada dentro de la bobina como una serpiente y colocada dentro del proyector metálico para poder comenzar la exhibición cinematográfica ("serpientes transmitidas en la caja de hierro") en la que se podrá ver el color producto de la descomposición de los siete tonos del arco iris, "hijos" del Rey Sol, el astro Rey ("donde los siete hijos del Rey se hallan presos"). Debido al fenómeno de perpetuación que produce la imagen, el pasado y el futuro serán eternamente presentes gracias a la técnica cinematográfica; los ancianos, los padres, es decir, los muertos, seguirán vivos para siempre, volverá a vérselas mover, reír, hablar, como si el tiempo no transcurriese ("los ancianos y padres regresarán del infierno"). Es muy probable que la última línea aluda a los hermanos Lumière, inventores del cine, que antes de morir pudieron ver cómo su invento, que en un principio fue rechazado y corrió el riesgo de ser abandonado por cuanto su utilidad fue puesta en duda («el fruto muerto», por estéril), pasó del estado mudo al sonoro («gritar»).

LA BOMBA DE HIROSHIMA (1945)

(II, 6)

En dos grandes ciudades cercanas a los puertos
habrá dos calamidades como antes no se habían visto:
hambre, plagas incluso, gente desesperada
que clamará piedad al gran Dios inmortal.

La descripción de las ciudades no admite dudas. Tanto Hiroshima como Nagasaki se hallan sobre el mar ("cercanas a los puertos"). Las "dos calamidades" o plagas o azotes a los que hace referencia son, obviamente, las bombas atómicas arrojadas contra objetivos civiles ("calamidades como antes no se habían visto"). El horror de la explosión provocó todo tipo de consecuencias entre los sobrevivientes, entre ellos el hambre y también la plaga radiactiva, que causó más muertes que la propia explosión. La línea final de la centuria refleja un panorama de desesperación que excluye todo comentario.

Nostradamus predijo que un día un arma nueva «haría que el sol pareciese doble...».

Algo así como que el Sol fuera lanzado sobre la Tierra.

También resultó muy esclarecedora la cuarteta (V, 11), al afirmar:

"Los del Sol no cruzarán el mar seguros…
…parte de Asia cambiará"

El hombre había utilizado por fin el temible poder de los astros. Las palabras de esta cuarteta, que lleva el número seis, posiblemente por el 6 de agosto de 1945, el día en que se lanzó la bomba atómica sobre Hiroshima, captan el horror del profeta al presenciar cómo los dos puertos japoneses son sacrificados en el altar de la naciente era nuclear.

Al final, Japón perdió la guerra porque no pudo abastecerse apropiadamente, ni reforzar sus fortalezas insulares, cuando sus flotas, mercante y de guerra, fueron hundidas por el poderío submarino y aéreo de los Estados Unidos, que dominaban el Pacífico.

EL RINCÓN DE LA LUNA

La eficacia de las videncias de Nostradamus, no sólo alcanzó a su tiempo, sino que se prolongó a través de los siglos… Como las cuartetas no están ordenadas en el tiempo, tenemos el ejemplo de la cuarteta 65 de la centuria IX que detalla de modo asombroso el fracaso de la misión a la Luna de la cápsula Apolo 13:

En el rincón de la Luna vendrá a posarse
donde será ubicado y puesto en tierra extraña
los frutos inmaduros desatarán escándalo,
gran vituperio, a uno gran alabanza.

Si se interpreta la Luna tal como Nostradamus la utilizó, es obvio que el primer astronauta que alunizó fue «ubicado» y «puesto en tierra extraña», es decir, transportado en su cápsula y llevado a la Luna. Durante la misión del Apolo 13 quedó claro que el mecanismo de la cápsula era deficiente y que se hubiera necesitado mucho más tiempo de ensayo («los frutos inmaduros») para poder situarlo a punto. Esta misión provocó gran alboroto, y escandalizó a muchas personas al enterarse que, en nombre de intereses políticos, el programa espacial de los Estados Unidos ponía en peligro la vida de los astronautas. Por supuesto, el escándalo no alcanzó al primer hombre que pisó la Luna («a uno gran alabanza»).

En una época en que tan sólo "proponer" que la Tierra no era el centro del universo hubiera equivalido a una herejía, Nostradamus profetizó que el hombre andaría sobre otro cuerpo planetario. Tanta superstición envolvía los escasos conocimientos que del cosmos tenía el hombre, que la Iglesia seguía dominando toda comprensión científica.

La extraordinaria «vista» del profeta le hubiera ocasionado sinsabores graves si la Inquisición católica hubiese conseguido descifrar sus palabras.

Incluso a comienzos del siglo XX pocos hubieran creído que en el plazo de setenta años un vehículo impulsado por combustible artificial viajaría miles de kilómetros hasta la Luna.

Tal y como dice la cuarteta (IX, 65):

"Llegará para dirigirse al rincón de la Luna, donde será apresado y llevado a una tierra ajena"...

«... al rincón de la Luna.» ¿Qué debió de parecerle a un hombre del siglo XVI contemplar nuestros primeros pasos en otro mundo, desde una época en que la forma de transporte más rápida era el caballo?

LA AMENAZA NUCLEAR

(1, 65)

Niño sin manos, nunca se vio trueno tan grande,
niño real herido por el juego de bolos,
rotos en el pozo, resplandecientes, yendo a moler,
tres bajo cadenas, partidos por la mitad.

Si se considera al niño real como el hijo del Rey, es decir del Sol -metáfora frecuente en las centurias del profeta-, se trata de un rayo de luz o de energía. Así como en el juego de bolos, las bolas que lo componen chocan entre sí, la energía podría entrechocarse (metáfora de la fisión nuclear) produciendo un trueno como nunca se vio antes (la explosión atómica). Aun sin tener manos para ejecutar, ya desde poco después de su nacimiento (infancia, niño) la fuerza nuclear producirá movimiento y destrucción. Las cadenas moleculares se romperán para producir un nuevo concepto de energía.

(V,8)

Será dejado fuego vivo, muerte oculta,
dentro de los horribles globos pavorosos,
de noche la ciudad de mar será reducida a polvo
la ciudad en llamas, ventaja al enemigo.

¿Puede existir una descripción más exacta y descarnada de la bomba atómica que la que propone el profeta en sus dos primeras líneas? Dentro de las gigantescas cápsulas («dentro de los horribles globos pavorosos») se encuentra el poder de destrucción de la onda expansiva («fuego vivo») que quema y destruye pero que, además, posee radiactividad, por lo que después de la destrucción aún lleva en sí la muerte agazapada («muerte oculta»). La ciudad que padezca tal flagelo -en este caso una ciudad de mar como aquella donde la bomba atómica fue probada por primera vez- será reducida a polvo (como Hiroshima y Nagasaki) y arderá por los cuatro costados, favoreciendo a quien la haya atacado.

(X, 49)

Jardín del mundo, cercano a ciudad nueva
en el camino de montañas cavadas:
será asido y sumergido en la cuba
bebiendo por fuerza aguas químicamente envenenadas.

La profética visión de la energía nuclear que poseyó Nostradamus en el siglo XVI alcanza en esta cuarteta una precisión asombrosa como vaticinio de las consecuencias que podría acarrear al ser humano la utilización indiscriminada de la energía nuclear. Puesto que todas las referencias a la ciudad nueva se identificaron Nueva York, «el camino de las montañas cavadas» podría ser una alucinante metáfora sobre los rascacielos - verdaderas montañas construidas por el hombre - cuyas alturas convierten las calles de Nueva York en oscuros y angostos desfiladeros. Por otra parte, resulta lógico recordar la tragedia de Harrisburg (Pennsylvania), a menos de 500 kilómetros de Nueva York y que por sus características admite abiertamente la descripción de «jardín del mundo, cercano a ciudad nueva». Hay que recordar que, en 1979, hubo un escape de agua contaminada en la central nuclear de Three Miles Island, y como consecuencia, anegó el lago («sumergido en la cuba»), contaminó sus aguas y puso en peligro la vida de sus habitantes («bebiendo por fuerza agua químicamente envenenada»).

el lago («sumergido en la cuba»), contaminó sus aguas y puso en peligro la vida de sus habitantes («bebiendo por fuerza agua químicamente envenenada»).

RESUMEN DE NOSTRADAMUS DE 100 AÑOS: 1889-1999

1889

(III, 35)

"De lo más profundo del Occidente de Europa, de pobre gente un niño nacerá

que con su lengua seducirá a mucha gente.
Su ruido en el reino de Oriente más crecerá"

EL NACIMIENTO DE HITLER. Nostradamus vio a Hitler como el segundo Anticristo y posiblemente el mayor demagogo de nuestra historia. El profeta creía que cada uno de los tres Anticristos nombrados llevaría, en grado ascendente, a la humanidad más cerca del holocausto final. Hitler, al que nombra como «Hister», fue responsable de la muerte de cincuenta millones de personas durante una guerra de seis años que costó billones de dólares al mundo. Sentó unas pautas de horror que incluso a los estadistas modernos les costaría igualar.

El siglo XX

(II, 10)

"Mucho antes todo estará organizado. Esperamos un siglo de grandes males:
suerte de enmascarados y solitarios (clero) cambiada,
pocos quedarán que quieran permanecer en sus lugares".

NOSTRADAMUS VIO EL SIGLO XX como una época mala y mecanizada, en la cual todos estarían numerados, apuntados, clasificados y organizados.

Años 30

(IV, 80)

"Cerca del gran río, una vasta trinchera, tierra excavada,
será dividida por agua en quince partes:
la ciudad tomada, sangre, fuego, gritos y se presenta batalla
la mayor parte de la gente afectada por el choque".

LA CONSTRUCCIÓN DE LA LÍNEA MAGINOT. En lo que se refiere a dar protección y seguridad, la línea Maginot fue una de las grandes farsas de la historia militar. Construida en el decenio de 1930 para proteger las fronteras de Francia contra todos, con un coste de dos millones de dólares (valores de 1930), se extendía a lo largo de más de 183 kilómetros formando una red de fortines. Los fortines tenían siete pisos subterráneos comunicados por medio de ferrocarriles igualmente subterráneos y quince ríos cortaban la línea. Sin embargo, el ejército de Hitler entró en Francia por Bélgica en vez de por Suiza, como se creía.

1958-1970

(IX, 33)

"... de Galia tres el Guía de Francia apodado..."

EL PRESIDENTE FRANCÉS CHARLES DE GAULLE.

Mediodía del 22 de noviembre de 1963

(VI, 37)

"La antigua tarea será ejecutada,
y de la azotea la maligna ruina caerá sobre el gran hombre.
Estando muerto acusan a un inocente del hecho:
el culpable está escondido en los bosques neblinosos".

ASESINATO DE JOHN F. KENNEDY en Dallas, Texas. Nostradamus no sólo vio la trágica muerte de un hombre que hubiera podido convertirse en el mayor líder de Norteamérica, sino que vio también, al parecer detalladamente, acontecimientos y personas de los que nadie está todavía seguro hoy: los verdaderos asesinos.

Octubre de 1973

Sextilla 31

Una raza que siempre ha vencido los peligros, y que no ha temido a la guerra,
en el país que se halla cerca del extremo del cristianismo,
sufrirá una conmoción a causa de un acto cometido por Egipto cuyo pueblo se alegrará de ello.

LA GUERRA DEL YOM KIPPUR. El 6 de octubre de 1973, poco antes de las 2 de la tarde, Egipto y Siria atacaron a Israel sin previo aviso y comenzaron lo que para Nostradamus es la tercera guerra mundial, una guerra que continuará durante veintisiete años hasta el fin del milenio.

1979-2000

(II, 28; I, 96 y Il, 29)

Un hombre será acusado de destruir
los templos y las religiones alteradas por la fantasía.
Hará daño a las piedras en vez de a los vivos.
Oídos llenos de discursos floridos.
Viajará por todas partes en su campaña por enfurecer,
liberando a un gran pueblo de la sujeción. Volará por el
cielo, las lluvias y las nieves,
 y golpeará a todos con su vara.

UNA NUEVA CONCIENCIA RELIGIOSA. Las predicciones de Nostradamus sobre la vertiente más optimista de nuestro futuro se centran alrededor de una nueva conciencia religiosa que, según él, empieza a finales del decenio de 1970 y crece hasta alcanzar un máximo de aceptación a mediados de 1990. Hay muchas cuartetas acerca de un hombre que trae elocuencia, colores rojos y pájaros que vuelan en el cielo. Todo esto puede parecernos un tanto críptico, pero ya existe, como mínimo un líder religioso que podría responder a la descripción… Un Papa de finales del siglo XX.

Los años 80

Mabus* morirá pronto,
entonces llegará una horrible matanza de personas y animales.
Al instante se revela la venganza procedente de cien manos.
 Sed y hambre cuando pase el cometa
(Se supone el cometa Halley en 1986)

*Aquí habría que indicar que: Algunas ediciones de Las Centurias dan el nombre de «Mabus» como «Malus», que significa malo o perverso. Casualmente el nombre aparece en el principio de una cuarteta, por lo que no podemos estar seguros de si Nostradamus quiso que fuera un nombre específico o una palabra, sin inicial mayúscula, lo cual significa una serie de personas o acciones malas. Así pues, el tercer Anticristo podría ser sencillamente el terrorismo. (Sobre todo en España, y no sólo en este período).

NOSTRADAMUS NOMBRÓ DIRECTAMENTE AL TERCER ANTICRISTO, como hizo con el primero y el segundo. Si, hemos de aceptar el «sistema» que emplea para avisarnos de nuestras tendencias futuras, entonces es posible que este tercer «demagogo» viva hoy día y se llame «Mabus».

1986

(IV, 32)

"... la ley común será hecha al contrario.

Viejo tendrá fuerte, luego sacado de en medio, la Pantacoina Filón (comunismo) puesta muy atrás".

(IIl, 95)

"La ley de More se verá desfallecer, tras otra mucho más seductora".

CHERNOBIL: Las vidas de cien mil ucranianos cambiaron cuando un accidente en el reactor de la central nuclear provocó una nube radiactiva que envenenaría y destrozaría sus vidas y su futuro. Nostradamus previó esto como el comienzo del mayor cambio que conocería el comunismo desde su aparición. En la cuarteta, el nombre «More» (de sir Thomas More, o santo Tomás Moro, autor de "Utopía", el primer manifiesto socialista) equivale a comunismo y refleja la evolución producida desde la Rusia de los zares, a través del comunismo, hacia un orden más feliz en las postrimerías del presente siglo.

1989

(Il, 89)

"Un día los grandes poderes serán amigos,
su gran poder acrecentado.
La nueva tierra (América) en las cumbres de su poder.
Al hombre de sangre (el Anticristo) se atribuye el acto".

LA ALIANZA ENTRE RUSIA Y ESTADOS UNIDOS: Aunque no hay una datación nítida para esta alianza, Nostradamus la predice claramente. Utilizando un método que puede ser un poco aleatorio… pues el número de la cuarteta que más directamente se relaciona con tal alianza es el 89.

Posiblemente, en Alemania, la caída del Muro de Berlín el 9 de noviembre de 1989, fuera un punto de inflexión que acelerara la independencia de 15 Repúblicas Soviéticas entre 1990 y 1991, y también un acercamiento inédito entre Rusia y Estados Unidos tras la Guerra Fría posterior a la 2ª Guerra Mundial.

Septiembre de 1993

(IX, 55)

"La horrible guerra en Occidente se prepara;
al siguiente año llegará la pestilencia tan fuerte y terrible que joven, viejo y bestia,
sangre, fuego, Mercurio, Marte, Júpiter, en Francia" (Septiembre de 1993)

LA GRAN PESTE: EL SIDA. El profeta habla con cierto detalle de otra plaga inmensa que atacaría al hombre y dice que es una plaga de la sangre y el semen. Las referencias son difíciles de discutir en muchos casos y parece que son más aplicables a la enfermedad relativamente nueva que a cualquier otra: el síndrome de inmunodeficiencia adquirida.

Según los cálculos de Nostradamus, esta plaga, en todo caso, habrá infectado a la mitad del mundo hacia mediados del decenio de 1990.

Mediados de los años 90

SUPERTERREMOTOS AZOTAN LA TIERRA.

Nostradamus ve varias series de superterremotos que parecen azotar la Tierra siguiendo una pauta previsible. Una parte empieza a mediados del decenio de 1990 en la costa occidental de la India y afectaría a la destruida región occidental de los Estados Unidos. El África oriental se divide en tres partes, y Nueva York y Florida quedarían inundados.

Como consecuencia: Se produciría una secuencia de secuencia de Catástrofes en el Mundo:

1. Terremotos y maremotos devastan India
2. Fuertes terremotos destruyen parte de Japón
3. Importante terremoto en Italia, tras la erupción del Monte Vesubio
4. Erupción de La Montaigne Pelée en Martinica, y
5. Terremotos en el oeste de Norteamérica

1995-1999

"No largo tiempo los dos aliados, en trece años (1986-1999) sucumbirán ante los jefes bárbaros y persas.

La pérdida será tan grande en los dos lados, que uno bendecirá a Pedro Romano (el papa del fin del milenio)".

LA RUPTURA DE LAS ALIANZAS ENTRE RUSIA Y ESTADOS UNIDOS. La alianza entre las dos grandes potencias no dura mucho y probablemente se rompa durante las últimas etapas de la tercera guerra mundial...

1996

(II, 5)

"Cuando armas y planes se encierran en un pez (submarino) en 1996,
de él saldrá un hombre que entonces hará la guerra,
su flota habrá viajado muy lejos cruzando el mar
para aparecer en la costa italiana".

EL ATAQUE ÁRABE contra la parte más expuesta de Europa a través de Italia, por medio de submarinos.

Julio de 1999

(X, 72)

En el año 1999 y siete meses
el gran Rey del Terror vendrá del cielo.
Resucitará a Gengis Khan
antes y después la guerra gobierna felizmente.

LA ÚLTIMA CONFLAGRACION. Nostradamus data el holocausto en «1999 y siete meses». Será la culminación de los veintisiete años de guerra y la destrucción final del mundo civilizado.

Pascua del año 2000

(IX, 31)

Un temblor de la tierra en Mortara,
las pequeñas islas de San Jorge casi sumergidas:
adormecida en paz, la guerra despertará,
el abismo del templo abierto en Pascua.

LA INUNDACIÓN DE INGLATERRA. Inglaterra, o al menos su parte meridional, se hundirá bajo el mar en la Pascua del año 2000. Otros profetas tales como Edgar Cayce también han hecho esta profecía.

2026-3000

(X, 74)

Cuando el séptimo milenio haya llegado (2000 d. C.)
habrá entonces una hecatombe
que ocurrirá cerca del final del milenio. Entonces los que entraron en la tumba se marcharán.

MIL AÑOS DE PAZ. El profeta predice mil años de paz en los cuales una comunidad galáctica se hace realidad y el hombre entra en un período donde la ciencia y la religión se funden en una conciencia superior. En este período, hacia sus postrimerías, advierte que un exceso de conocimientos nos empuja hacia el egoísmo y la manipulación de los demás.

4000-6000. La era de Capricornio

Prefacio a César:

Antes de que la luna haya terminado su ciclo completo (1889-2250),

el Sol (el siglo XX) se encontrará con Saturno (la era de Acuario) y,

según lo establecido por los signos del Cielo, el reinado de Saturno regresará por segunda vez (la era de Capricornio) para llevar al mundo hacia el ciclo de su extinción final.

LA FASE FINAL DE LA TIERRA. En sus últimas predicciones Nostradamus ve al hombre, o bien destruido definitivamente, o trascendiendo el plano material. El siglo XXVII después de Cristo verá como este tema influye en la moribunda era de Acuario. El año 3755 trae inmensas lluvias de meteoros, y en el prefacio a su hijo César le dice que la tierra acabará definitivamente en el año 3797.

6000-8000. *La era de Sagitario*

"Algunos vivirán en Acuario, y otros en Cáncer durante más tiempo"…

LA ERA DE LA VERDAD. Nostradamus nos dice que en último término la raza humana sobrevive a la conflagración del planeta Tierra. Indica que colonizaremos el espacio y viviremos en número siempre creciente en todo el universo.

Por ello asegura que cuando el Sol llegue al 20º del Toro, es decir, el día once de mayo, la Tierra temblará y llegará a todos los espectadores; mientras tanto el aire se oscurecerá y caerán sobre la Tierra las más densas tinieblas. Y, Dios, con sus legiones de ángeles y santos, arrollará y derrumbará totalmente a la demoníaca criatura que había querido escalar el cielo. Acometido y atacado por el rayo celeste, el Anticristo se desplomará en la arena, e incapaz de llevar a cabo las maravillas de las que había osado resumir, se abismará en las entrañas de la Tierra, vencido y derrotado. La justicia de Dios se abatirá entonces sobre los secuaces de Satanás, y causará entre los hombres una terrible carnicería. De esta manera, el gran nieto, es decir, el Anticristo descendientes de Satanás, será constreñido a dejar la Tierra para jamás volver a ella.

Entonces triunfará María, Madre de Dios (a la que Nostradamus indica como una curiosa perífrasis, siendo "maría" el plural del nombre latino "mare"), de la cual se ha dicho que "las puertas del Infierno no prevalecerán contra ella".

El Anticristo, descendiente de la tribu (o califato) de Dan y su inspirador, Satanás, temblarán ante el juicio que les espera.

Nostradamus ratifica y sanciona la fecha de cuándo va a suceder todo esto: transcurridos veinte años santos o jubilares, lo cual equivale a decir después de veinte siglos de la fundación de la Iglesia (indicada por el vidente, como de costumbre, con el nombre de Luna, ya que Cristo es el verdadero Sol que ilumina con su luz a la Iglesia, como el caso de nuestro satélite), o sea, en el año siete mil del calendario judío, calculado a partir de la expulsión de Adán y Eva del paraíso. Aquel año, otro retendrá la monarquía; lo cual significa que el sol dejará de iluminar a la Tierra; "mi profecía entonces" -añade Nostradamus- se habrá cumplido.

En aquel período próximo al acabamiento del segundo milenio, los muertos que estará en sus tumbas se presentarán de nuevo ante la presencia de Dios y las espantosas hecatombes que tanto habrán afligido y atormentado al mundo aparecerán como uno de los medios purificadores de los que Dios se ha valido para realizar sus propios designios, y no ya como una tragedia de la Humanidad, salvada y redimida.

Un gran juez juzgará los tiempos pasados, lo mismo que el presente, y pronunciará su sentencia para los vivos y para los muertos, y todos aquellos que no comprendieron la palabra de dios serán por Él repudiados.

Finalmente, Nostradamus, después de precisar que, conscientes de lo que les aguarda, los hombres considerarán el día de su muerte, no ya como algo triste, sino como un momento de gran regocijo y como un nacimiento a la vida espiritual. Concluye diciendo que el Espíritu Santo llenará de gozo y de felicidad a aquellas almas que, por la victoria tan meritoriamente alcanzada, tendrán derecho a contemplar en toda su plenitud el esplendor del Verbo.

PREDICCIONES DE NOSTRADAMUS: 1999 Y MÁS ALLÁ

Nostradamus nos da dos hipótesis futuras que no pueden coexistir. La primera es la guerra nuclear total antes de 1999 y la segunda es una edad de oro, una edad de paz ilustrada, antes de que finalice el presente milenio.

La primera visión es tan devastadora, que parece imposible que después de ella exista algún tipo de vida en la Tierra, y mucho menos una edad de oro.

George Gurdjieff, uno de los místicos más grandes del presente siglo, dijo en cierta ocasión que el verdadero crecimiento espiritual no puede empezar a menos que cada individuo sea consciente de que cada momento podría ser el último de su vida. Nostradamus comprendió esta voluntad y advirtió que nos encontrábamos ante la probabilidad del apocalipsis. Pero, entremezclado con este concepto lleno de perdición, hay otro que quizá estamos empezando a comprender: que hacer frente al desastre es una de las mejores maneras de aprender a vivir momento a para dato y que de un modo u otro puede que el hombre se haya presentado a sí mismo tan aterradora expectativa para darse un empujón que le lleve a una existencia mejor.

Nostradamus afirma claramente que si sobrevivimos a nuestra próxima generación, podemos esperar miles de años de historia relacionada con la Tierra.

En los cálculos astrológicos hay una expresión, «El Gran Año», que significa el mes astrológico: de una duración de unos dos mil años. Cada uno de estos «meses» forma una época humana, y es guiado por los potenciales positivos y negativos del signo que lo gobierna. Los finales y comienzos de estas eras coinciden en varios siglos, y el cambio que se está produciendo ahora tiene lugar entre Piscis y Acuario, dominados ambos por el agua o el pez. La era de Piscis anunció la época cristiana, y la era de Acuario es la época de la ciencia y la humanidad, y empezó en el siglo XVIII con la independencia norteamericana, la era industrial y los avances rápidos de la ciencia y la tecnología. El año 2000 señala el punto en el cual tanto Piscis como Acuario tienen igualdad, y en su epístola a Enrique II, Nostradamus predice que la era de Acuario dominará la conciencia humana hacia las postrimerías del actual ciclo lunar aproximadamente en el año 2250 d. C.

El elemento de aire de Acuario obliga al hombre a dirigir su imaginación hacia el cielo y las nuevas fronteras del espacio, y puede producir reformas humanas radicales por medio de una visión más amplia y objetiva de su planeta, brindándole la oportunidad de instaurar el gobierno mundial y una celebración de la santidad del individuo.

Es probable que establezcamos contacto con otras civilizaciones y empecemos a vivir la vida como parte de una comunidad galáctica. Nostradamus, por consiguiente, predice un milenio de paz y sabiduría, pero en el modo clarividente que es habitual en él, mira incluso más allá de esta era, y nos advierte que esta humanidad de Acuario, aunque encuentre el equilibrio entre los extremos contrarios, que son la ciencia y la religión, podría volverse fácilmente hacia dentro y convertirse en una raza egoísta. El mundo no tendrá fronteras y esto en sí mismo podría encontrarse con que, a la menor pérdida de conciencia, nos volveríamos locos a causa de nuestro poder y nuestra propia libertad.

Estas gentes que estamos produciendo ahora, nuestras generaciones futuras, nos parecerían ahora - si pudiéramos contemplarlas - como gigantes en el año 3000 d. C. Tendrán poder para crear vida y viajarán libremente por el cosmos, y Nostradamus nos dice que el poder del mismísimo Satanás se desatará por medio de nuestra capacidad de olvidarnos de nosotros mismos y de nuestra esencia. La definición de la palabra «pecado» es olvidar y el lema de Acuario es «libre de todas las fronteras», tema que, sin un poco de sabiduría, podría llevarnos a ser controlados por otros y a la megalomanía.

En una época posterior a ésta, Nostradamus observa que Saturno cogobierna Acuario y gobierna Capricornio. Concretamente, la época de Capricornio verá al hombre destruido o bien trascendiendo el plano material (Tierra). El siglo XXXVII d.C. verá como este tema influye en la moribunda era de Acuario. Las palabras clave para Capricornio son «utilizar» o «restringir», La raza humana necesitará utilizar todas las lecciones que ha aprendido con esfuerzo en el pasado, o será destruida por sus poderes casi divinos sobre la mente y la materia.

Nostradamus nos dice que la era de Capricornio será anunciada por la destrucción física de la Tierra desde una fuente cósmica. De hecho, la cuarteta 67 de la Centuria X, predice que meteoros inmensos caerán sobre el planeta en el año 3755, y en el prefacio que dirige a su hijo nos dice que el mundo acabara en 3797. Pues dice algo así:

"Antes de que la Luna baja terminado su ciclo completo (1889-2250) el Sol (el siglo XX) se encontrará con Saturno (la era de Acuario) y, según lo establecido por los signos del Cielo, el reinado de Saturno regresará por segunda era (la era de Capricornio) para llevar al mundo hacia el ciclo de su extinción final.

A continuación viene a decir que, cuando el Sol aumente hasta convertirse en un gigante rojo, la Tierra experimentará tremendas tensiones gravitatorias y climáticas. Es probable que haya inundaciones, y sobre el planeta podrán caer meteoritos después de la muerte de Mercurio o de Venus, devorados por el Sol que se vuelve rojo. Estas grandes inundaciones pueden nacer de masivos aterrizajes de meteoros, que se posarán en el mar Egeo, cerca de la costa oriental de Grecia, entre los años 3755 y 3797 d. C., alcanzando las primeras salpicaduras tres mil metros de altura.

Pues viene a decir, en la (VIII, 16):

"En el lugar donde Hieron hace fabricar su nave (Grecia),
tan gran diluvio ocurrirá y tan súbito,
que no habrá lugar de tierra sin atacar.
Las olas alcanzarán el Monte Olimpo" (2.985 metros).

En el prefacio dirigido a su hijo César, el profeta nos ofrece una crónica minuciosa de lo que los astrónomos de hoy creen que le sucederá a la Tierra dentro de billones de años, cuando el Sol agote su combustible nuclear y empiece a hincharse y convertirse en un gigante rojo, el cual acabará devorando el planeta Tierra. Nostradamus creía que esto ocurriría dentro de mil ochocientos años.

«... antes de la conflagración universal el mundo será anegado por muchas inundaciones de tal altura, que apenas quedará tierra que no esté cubierta por las aguas. Y durará tanto tiempo, que todo perecerá excepto la tierra seca y la raza humana.

Antes y después de estas inundaciones muchas naciones no verán lluvias, y caerá del cielo una cantidad tan grande de fuego y meteoros, que nada quedará sin consumir. Y esto sucederá poco antes de la conflagración final.»

Y finalmente, Nostradamus nos dice que la raza humana sobrevivirá incluso a esta última conflagración, e indica que para entonces habremos colonizado el espacio:

«Algunos vivirán en Acuario,
 otros en Cáncer durante más tiempo».

Tal vez aquí nos indica dónde viviremos, dando vueltas a las estrellas de las constelaciones de Acuario y Cáncer.

LAS PREDICCIONES DE BABA VANGA

Baba Vanga fue una vidente búlgara, llamada la Nostradamus de los Balcanes, nació en 1911 y tenía supuestas dotes proféticas, demostrando un alto porcentaje de efectividad en sus predicciones. Según su propio testimonio, un punto de inflexión en su vida ocurrió cuando un 'tornado' supuestamente la levantó en el aire y la arrojó a un campo cercano. Fue encontrada después de una larga búsqueda. Los testigos la describieron como muy asustada, y sus ojos estaban cubiertos de arena y polvo, por lo que no pudo abrirlos debido al dolor. Sólo había dinero para una operación parcial para curar las heridas que había sufrido. Esto resultó en una pérdida gradual de la vista.

En 1925, Vanga fue llevada a una escuela para ciegos en la ciudad de Zemun, en el Reino de los serbios, croatas y eslovenos, donde pasó tres años y le enseñaron a leer braille, tocar el piano, así como tejer, cocinar y limpiar. Después de la muerte de su madrastra, tuvo que volver a casa para cuidar a sus hermanos menores. Su familia era muy pobre y tenía que trabajar todo el día.

En 1939 Vanga contrajo pleuresía, y permaneció en gran parte inactiva durante algunos años. La opinión del médico era que moriría pronto, pero se recuperó rápidamente.

Durante la Segunda Guerra Mundial, Vanga atrajo a los creyentes por su habilidad para la sanación y la adivinación. Varias personas la visitaron, con la esperanza de obtener una pista sobre si sus parientes estaban vivos o buscando el lugar donde murieron. Sin ir más lejos, el zar búlgaro Boris III la visitó, el 8 de abril de 1942.

Ella continuó siendo visitada por dignatarios y plebeyos. Después de la Segunda Guerra Mundial, los políticos y líderes búlgaros de diferentes países del Bloque del Este, incluido el primer ministro soviético Leonid Brézhnev, buscaron su consejo.

Vanga murió el 11 de agosto de 1996 producto de un cáncer de mama.

Fuentes como "The Weiser Field Guide to the Paranormal" afirman que ella predijo la desintegración de la Unión Soviética, el desastre de Chernóbil, la fecha de fallecimiento de Stalin, el hundimiento del submarino ruso Kursk, los ataques del 11 de septiembre (aunque no acertara con la fecha), la muerte de la princesa Diana, la victoria de Topalov en el torneo mundial de ajedrez, o las tensiones con Corea del Norte.

Curiosidad para reseñar sobre Vanga:

A principios de agosto de 1976, la actriz y cantante yugoslava Silvana Armenulić estaba de gira en Bulgaria y decidió reunirse con Baba Vanga. La reunión fue desagradable: Vanga sólo se sentó frente a una ventana, de espaldas a Silvana. Ella no habló. Después de mucho tiempo, Vanga finalmente dijo: "Nada. No tienes que pagar. No quiero hablar contigo. Ahora no. Ve y vuelve dentro de tres meses". Cuando Silvana se dio la vuelta y caminó hacia la puerta, Vanga dijo: "Espera. De hecho, no podrás venir. Ve, ve. Si puedes volver en tres meses, hazlo". Silvana tomó esto como confirmación de que moriría y dejó la casa de Vanga llorando. Finalmente, Silvana murió dos meses después, el 10 de octubre de 1976, en un accidente automovilístico con su hermana Mirjana.

Vanga predijo incorrectamente que la Final de la Copa Mundial de la FIFA 1994 se jugaría entre "dos equipos que comienzan con B". Un finalista fue Brasil, pero Bulgaria fue eliminada por Italia en las semifinales. Según "The National", Vanga predijo que la Tercera Guerra Mundial comenzaría en noviembre de 2010 y duraría hasta octubre de 2014. Testigos y amigos cercanos también afirman que ella nunca hizo tales profecías, y de hecho cuando se le preguntó, afirmó que no habría Tercera Guerra Mundial.

También predijo el atentado del 11-S de Nueva York, ("ataque de pájaros de acero"), aunque adelantándose 12 años.

Los seguidores de Vanga creen que ella predijo la fecha precisa de su propia muerte, soñando con morir el 11 de agosto y ser enterrada el 13 de agosto. Poco antes de eso, ella había dicho que una niña ciega de diez años que vivía en Francia heredaría su regalo, y que la gente pronto se enteraría de ella.

Otra predicción atribuida a ella es que el 44.º Presidente de los Estados Unidos sería el último Comandante en jefe del país. Mientras que la inauguración del mandato de Donald Trump en 2017 aparentemente desmintió esta predicción, Trump fue técnicamente la 44º persona en ocupar el cargo, debido al hecho de que tanto el 22º como el 24º Presidente de los Estados Unidos fue Grover Cleveland. Los partidarios de Vanga también afirmaron que ella predijo que el presidente número 45 tendría una "personalidad mesiánica", y que se enfrentaría a una crisis que eventualmente "derribaría al país".

También predijo la guerra ruso-ucraniana de 2022. Al igual que trató de evitar que un cantante búlgaro de ópera viajara en avión, el cantante no obedeció a su consejo y murió.

También se ha presentado alguna evidencia de que Baba Vanga no hizo muchas de las predicciones que ahora se le atribuyen, sino que la gente frecuentemente le atribuye nuevas "profecías" falsas desde su muerte. Por lo que la falta de un registro escrito de sus profecías hace que cualquier predicción atribuida a su persona sea difícil de refutar.

De cara al futuro, Vanga ha adelantado:

2028: El hombre creará una nueva fuente de energía. Asegurando que los humanos comenzarán a explorar Venus como fuente de energía. (Cabe señalar que el segundo planeta desde el Sol es inhóspito y nada puede crecer allí).

2030: Se lanzará una nave tripulada al planeta Venus.

2033: Se dice que Baba Vanga predijo que los casquetes polares se derretirán, elevando el nivel del mar a alturas drásticas en todo el mundo.

2043: Europa bajo gobierno musulmán. La Comisión Europea estará dominada por los musulmanes en esta fecha.

2066: Roma será atacada por los musulmanes. Surge el arma de "congelamiento".

2076: El regreso del comunismo, el cual se extenderá por todo el mundo de nuevo.

2084: El renacer de la naturaleza.

2088: Aparecerá una nueva enfermedad.

2100: Un sol artificial se creará en la Tierra. Un nuevo sol iluminará la parte oscura del planeta. Esto podría hacer referencia a un proyecto científico que comenzó en el 2008 y que permitirá la creación de un sol artificial utilizando energía nuclear.

2130: Los seres humanos vivirán en las primeras colonias por debajo del mar. A la vez que civilizaciones extraterrestres podrían llegar a nuestro planeta.

2164: Los animales se tornarán semi-humanos.

2170: Sequía mundial. El cambio climático seguirá asolando el planeta y una sequía devastará gran parte del mundo.

2183: Un grupo importante de humanos llegará a vivir en el planeta Marte.

2187: Dos grandes volcanes entrarán en erupción.

2262: Marte es amenazado por un cometa.

2480: Dos soles artificiales chocan y dejan a la Tierra en total oscuridad.

3005: Guerra contra una civilización de Marte.

3010: Un cometa llega a la Luna, por lo que la Tierra queda cubierta por un anillo de rocas y cenizas.

3797: Inicio del fin del mundo, que culminará en 5079. La Tierra ya no será capaz de albergar vida, lo que significa que los humanos que hayan sobrevivido a la guerra marciana tendrán que abandonar la Tierra porque se ha vuelto inhabitable.

En este punto, podemos preguntarnos si ¿Podrán suceder estos y otros hechos que ella anunció?, ¿Está realizando el hombre proyectos a gran escala para el futuro de la humanidad?, ¿Realmente, existen planes concretos para viajar a Marte?

Por supuesto, muchas de las predicciones que se le atribuyen no pueden autentificarse, ya que se basan en relatos de segunda mano, y los escépticos sostienen que sus visiones son demasiado vagas para ser verificadas o refutadas.

En realidad, la mística ciega que supuestamente escribió numerosas premoniciones hasta el año 5079, ha previsto lo que vendrá para el 2025, y no tiene muy buena pinta, pues ha revelado que el fin de los tiempos comenzará en esta misma fecha, concretando que el inicio de nuestra destrucción se desarrollará con un conflicto en Europa que devastará a la población del continente. Afirmando que el acontecimiento que desencadenará la desaparición de la humanidad será un conflicto no especificado en Europa que diezmará la población del continente. Será el pistoletazo de salida de los acontecimientos que finalmente culminarán en nuestra perdición. Constatando también para este año el aumento de la influencia de Rusia, puesto que Vanga predijo que Putin sería reelegido como líder de Rusia, solidificando el dominio del país, y después consolidándose en el panorama geopolítico internacional (aunque también vaticina para él su asesinato).

También prevé para este año que se produzcan catástrofes naturales, como la erupción de volcanes inactivos. Además, las inundaciones masivas también causarán estragos, a la vez que menciona específicamente un terremoto en la costa oeste de Estados Unidos. Estos acontecimientos provocarán pérdidas de vidas humanas y desplazamientos masivos.

Pero como no todo iba a ser desastroso, Vanga también predijo que los científicos harán un gran avance en el campo de los órganos cultivados en laboratorio, lo que revolucionará los trasplantes. Anticipando avances en el tratamiento del cáncer también en este año, pronosticando incluso el inicio de su curación.

AGRADECIMIENTOS

A mi hija Ángela por su portada tan bonita. A Pilar, mi mujer, y a mi hijo Iván, por su apoyo incondicional. A mis hermanos Ana y Jaime por la labor divulgativa de la obra y poder contar con ellos siempre.

Y como no, a mi editor Antonio Herrera Casado, por su confianza en mí.